LES FLEURS DU DESERT

OU

VIES ADMIRABLES DE TROIS JEUNES
ÉTHIOPIENNES.

DU MÊME AUTEUR :

VIE DE SAINT MICHEL. DES SAINTS, Religieux Trinitaire, Canonisé en 1862.

VIE DE SAINT JEAN DE MATHA, Fondateur de l'Ordre de la T.-S. Trinité, avec une lettre de Mgr Dupanloup sur la mission actuelle de l'Ordre.

VIE DE SAINT FÉLIX DE VALOIS, Prince du sang royal de France, Fondateur, avec saint Jean de Matha, de l'Ordre de la T.-S. Trinité.

POUR PARAITRE PROCHAINEMENT :

VIE DU BIENHEUREUX SIMON DE ROXAS, Religieux Trinitaire, Confesseur de la Reine Isabelle de France, femme du roi d'Espagne Philippe IV.

VIE DU BIENHEUREUX JEAN-BAPTISTE DE LA CONCEPTION, Réformateur de l'Ordre de la T.-S. Trinité en 1599, béatifié en 1819.

Seconde édition de la **VIE DE SAINT MICHEL DES SAINTS**, considérablement augmentée.

Paris. — Typographie Walder, rue Bonaparte, 14.

LES

FLEURS DU DÉSERT

OU

VIES ADMIRABLES

DE

TROIS JEUNES ÉTHIOPIENNES

ZAHARA, AMNA ET FADALOARIM

AVEC DES CONSIDÉRATIONS

Sur l'Œuvre de la Régénération de l'Afrique centrale

PAR

Le R. P. CALIXTE de la Providence

Religieux Trinitaire

Président du couvent de Cerfroid (Aisne)

SE VEND AU PROFIT DE L'ŒUVRE DES NÈGRES

A PARIS

CHEZ AMB. BRAY, LIBRAIRE-ÉDITEUR

20, RUE CASSETTE, 20

ET AU COUVENT DE CERFROID (AISNE)

—

1869

C.

PROTESTATION DE L'AUTEUR :

Conformément au décret d'Urbain VIII et de la sainte Inquisition, en date des années 1625, 1631 et 1634, nous déclarons que, s'il nous est arrivé de donner, dans cet écrit, le nom de Saint ou de Bienheureux à ceux que l'Église n'a point encore investis de ce caractère, c'est dans l'esprit de la plus complète soumission à son autorité souveraine. Nous déclarons également n'ajouter qu'une foi purement humaine aux grâces, révélations et faits miraculeux, rapportés dans cet ouvrage, excepté en ce qui a été confirmé par la sainte Église catholique, apostolique et romaine, dont nous sommes et voulons demeurer toujours le fils très-obéissant.

Natione Gallus, fide Romanus.

APPROBATION DE L'ORDINAIRE

Mgr Dours, évêque de Soissons et Laon.

Ayant fait examiner un ouvrage intitulé : *Fleurs du désert, ou Vies admirables de trois jeunes Ethiopiennes*, etc. par le R. P. Calixte de la Providence, supérieur de la maison de Cerfroid dans notre diocèse, il nous a été certifié que le dit ouvrage ne renferme rien qui ne soit conforme à la doctrine de la foi et des bonnes mœurs, et qu'il peut aider à la piété des fidèles. Nous permettons donc l'impression.

Soissons, le 6 juin 1868.

† JEAN JULES, *Ev. de Soissons et Laon.*

APPROBATION

Du T.-R. P. Antoine de la Mère de Dieu, ministre général de l'ordre de la Très-Sainte Trinité;

Nous, P. Fr. Antoine de la Mère de Dieu, ministre général des religieux déchaussés de l'ordre de la Très-Sainte Trinité, approuvons la publication de l'opuscule intitulé : *Fleurs du désert, ou Vies admirables de trois jeunes Ethiopiennes rachetées par le digne abbé Olivieri*, etc. Cette publication, faite par le P. Calixte de la Providence, religieux profès de notre saint Ordre, a pour but de faire connaître de plus en plus, en France, les œuvres et les vertus d'un excellent prêtre dont nous avons pu admirer nous-même fort souvent la vie toujours édi-

1

liante; elle ne peut que contribuer à inspirer, aux fidèles qui en prendront lecture, le goût et la pratique du bien. Dans cette persuasion, nous en permettons volontiers l'impression par la présente, donnée à Rome, en notre couvent de *San Grisogono in Traslevere*.

Ce 15 juillet 1867.

P. Fr. ANTOINE DE LA MÈRE DE DIEU,
Ministre général.

Place de sceau.

P. Fr. BENOÎT DE LA TRÈS-SAINTE TRINITÉ,
Secrétaire.

Lettre de Mgr Charvas, Archevêque de Gênes (Italie).

Très-Révérend Père,

J'admire et je loue vos projets pour la continuation de l'œuvre du saint prêtre Olivieri et j'appelle sur eux toutes les bénédictions du Seigneur. J'étais en tournée de confirmation quand votre intéressante lettre m'est arrivée. A peine de retour, j'ai fait rechercher les diverses relations de l'abbé Olivieri, ainsi que l'oraison funèbre qui a été prononcée le jour du service solennel qu'on lui a fait. Je vous adresse le tout, par l'intermédiaire de S. E. le cardinal archevêque de Chambéry. Recevez en même temps l'expression des sentiments pleins de respect et de dévouement, avec lesquels j'ai l'honneur d'être,

Monsieur le Supérieur et Très-Révérend Père,

Votre très-humble et obéissant serviteur,

† ANDRÉ, *archevêque de Gênes.*

Gênes, le 24 avril 1866.

DÉDICACE ET PRIÈRE

A NOTRE-DAME DU BON REMÈDE

—

O Marie ! ô Mère si douce et si compatissante, à qui mieux qu'à vous pourrions-nous dédier cet opuscule, destiné à appeler l'attention des chrétiens de France sur le sort des malheureux enfants de Cham ? Leurs âmes vous sont assurément bien chères, puisqu'elles ont été rachetées par l'effusion du sang de votre divin Fils. La contrée qu'ils habitent semble avoir des droits particuliers à votre protection, car elle vous offrit un asile quand vous dûtes fuir devant la persécution d'Hérode.

Jadis, sur la plage septentrionale de cette même terre d'Afrique, vous avez signalé votre compassion pour les pauvres captifs chrétiens, en aidant puissamment notre illustre fondateur à les racheter (1), et ce grand saint, votre fidèle serviteur, pour vous en témoigner toute sa reconnaissance, vous fit honorer dans son institut sous le titre si consolant de Notre-Dame du Bon Remède (2).

(1) Voir le récit de ces faits dans la *Vie de saint Jean de Matha*, page 168.

(2) Voir, dans le même ouvrage, page 184, l'origine de la dévotion à N.-D. du Bon Remède.

Daignez actuellement, ô Vierge Immaculée, daignez manifester tout ce qu'un pareil titre indique; de votre part, de puissance et d'amour, en faveur de captifs d'autant plus malheureux qu'ils ne sentent point eux-mêmes le poids des chaînes qui les retiennent dans les ténèbres de l'infidélité. Ils sont, hélas! sur la voie de la perdition éternelle, et bien petit est le nombre de ceux qui songent à les secourir. Mais vous, ô Mère très-sainte du Rédempteur, qui êtes aussi la Mère de tous les hommes, vous ne perdez point de vue vos enfants d'Afrique et, dans votre incompréhensible bonté, vous avez préparé un remède efficace à leurs maux. Daignez leur susciter toujours des apôtres dont le zèle ardent ne recule devant aucun obstacle, et, d'autre part, allumez dans le cœur de tous les chrétiens, mais surtout des heureux du monde, un saint empressement pour soutenir par leurs libéralités cette œuvre de l'affranchissement des nègres qui vous appartient en propre, puisqu'elle a été entreprise et qu'elle est continuée sous vos auspices. Bénissez-la toujours, ô tendre Marie, du haut du ciel, et bénissez aussi votre indigne serviteur.

FR. CALIXTE DE LA PROVIDENCE.

CONSIDÉRATIONS PRÉLIMINAIRES

SUR

L'ŒUVRE DE L'AFFRANCHISSEMENT

DES NÈGRES D'AFRIQUE.

———

L'Eglise eut jadis à déplorer le sort d'un grand nombre de ses enfants, que les Sarrazins faisaient prisonniers dans leurs courses sur mer ou lorsqu'ils débarquaient inopinément sur les plages des contrées méridionales de l'Europe. Aussi vit-on alors saint Jean de Matha et saint Félix de Valois, puis saint Pierre Nolasque et saint Raymond Nonnat, suivis de nombreux et généreux disciples, s'enrôler sous les étendards de la Très-Sainte Trinité ou sous les auspices de Notre-Dame-de-la-Merci, et se diriger vers les côtes inhospitalières de Barbarie pour y accomplir l'œuvre du rachat; bien décidés, d'ailleurs, lorsque les ressources pécuniaires leur feraient défaut, à se donner eux-mêmes en otage et à remplacer dans les fers les pauvres esclaves, pour mieux assurer leur liberté.

Ce fut là, assurément, une œuvre de charité sublime qui put soustraire une infinité de chrétiens aux angoisses de la servitude et aux dangers de l'apostasie, ou bien les faire rentrer dans le bercail du Christ, s'ils avaient eu le malheur de l'abandonner (1).

Un vénérable prêtre a fondé, de nos jours, une pieuse entreprise en tout semblable à celle des Religieux Rédempteurs du XIII° siècle; elle n'est pas moins digne d'éloges et de sympathies, puisqu'elle est destinée à améliorer le sort de captifs plus malheureux encore que ceux qui gémissaient dans les cachots des Etats barbaresques.

C'est l'Œuvre de l'affranchissement des enfants nègres (2) de l'un et de l'autre sexe. Leur sort est bien plus à plaindre, avons-nous dit, que celui des captifs chrétiens; ceux-ci, quoique très-infortunés, étaient cependant baptisés; ils connaissaient notre divin Sauveur, ses mystères

---

(1) Il résulte des détails que nous avons donnés dans la Vie de saint Jean de Matha, p. 344, que l'ordre de la Très-Sainte Trinité a racheté 900,000 captifs, et l'ordre de la Merci plus de 500,000.

(2) On appelle nègres les habitants de l'intérieur de l'Afrique, et Maures ou Mores les peuples de cette péninsule qui sont du côté de la Méditerranée; néanmoins, on applique quelquefois cette dernière qualification à tous les Africains en général.

et ses sacrements; ils puisaient, dans les enseignements de leur foi, des motifs de consolation et d'espérance, et, lors même qu'ils eussent eu le malheur de renier Dieu et son Verbe incarné, ils pouvaient toujours revenir sur leurs pas, recouvrer la grâce qu'ils avaient perdue, et, par les larmes d'une sincère contrition, s'assurer le pardon de leurs fautes et l'amitié de leur Dieu. Pour les enfants maures, au contraire, soit qu'ils aient été vendus par des parents dénaturés, soit qu'ils aient été enlevés secrètement ou de vive force, pour devenir un objet de trafic, de spéculation ou de volupté, quel espoir leur reste-t-il d'arriver à la vie immortelle dont ils n'ont pas même la moindre notion? A part un petit nombre, qui, achetés par des Européens, ont le bonheur de tomber entre les mains de maîtres plus doux et de recevoir chez eux une instruction chrétienne, suivie du baptême, le sort des autres est de remplacer les bêtes de somme, suivant le gré et les caprices pervers et tyranniques de leurs acheteurs. Jamais ils ne pourront goûter un seul instant de joie véritable; jamais ils n'auront une connaissance suffisante de Dieu et de l'excellence de leur âme.

Cette Œuvre du rachat des enfants nègres d'Orient a pris naissance, en 1838, dans des circonstances que nous dirons bientôt, et ses faibles commencements, suivis d'une rapide extension, ont démontré clairement que les bénédictions du

ciel reposaient sur elle (1). Le digne fondateur,
rendant compte, en 1845, du progrès de sa pieuse

(1) Elle a été favorisée aussi, comme on le verra plus
loin, des bénédictions et des encouragements du souverain Pontife Pie IX et de l'épiscopat catholique; ce qui
doit assurément rassurer la conscience de quelques personnes qui trouvent que l'œuvre du rachat des enfants
nègres se rapproche trop de la traite des noirs, et que,
d'ailleurs, elle excite la cupidité de ceux qui vendent les
enfants, lesquels, dit-on, mettraient bien moins d'ardeur
à se les procurer s'ils étaient moins assurés de les céder,
pour un bon prix, à des chrétiens. Il est d'abord évident
que le pieux trafic, exercé par Olivieri et par d'autres
missionnaires, dans la Sénégambie, à Dahomey, à Zanzibar, etc., diffère essentiellement de la traite contre
laquelle l'Eglise a constamment fulminé des anathèmes.
Par la traite, le nègre passe d'un esclavage dans un autre. Au contraire, dans le genre de commerce dont il est
question, le nègre, jeune ou âgé, voit immédiatement ses
chaînes brisées, il acquiert une entière liberté. Peut-être
n'en sent-il point encore le prix, mais plus tard, il bénira
la main qui l'a délivré. En outre, les acquisitions opé-
rées par les missionnaires ne peuvent généralement in-
fluer que fort peu sur les disposition des trafiquants de
chair humaine, vu que ces achats sont peu nombreux,
peu importants, relativement à ceux qui ont lieu sur les
côtes et dans l'intérieur de l'Afrique, parmi les naturels
du pays. Si donc ces négociants ne peuvent plus vendre
à des chrétiens, ils trouveront bien à placer leur marchandise ailleurs, et le commerce des esclaves ne s'arrê-
tera pas pour quelques débouchés qui pourront lui manquer.
Enfin, puisqu'on nous fait des objections au nom de

entreprise, dans une des relations qu'il a publiées à ce sujet, disait que la grâce divine, qui
seule avait fourni les ressources nécessaires à
l'affranchissement des pauvres enfants nègres,
avait pu seule aussi leur faire atteindre des résultats si avantageux. Puis, pour éveiller de

la civilisation, à laquelle répugne si fort ce mot d'achat,
lorsqu'il s'agit d'un être raisonnable, on devrait bien
un peu considérer que le trafic dont nous parlons est, à
coup sûr, le seul moyen de porter dans l'intérieur de
l'Afrique cette civilisation que nous devons à l'Évangile,
car, puisque nos Européens ne peuvent vivre dans l'intérieur de cette péninsule, il faut absolument attirer les
naturels du pays sur les côtes pour traiter avec eux. Or,
comment y arrivera-t-on si ce n'est par l'appat du
gain ? et, d'autre part, comment pourrait-on les civiliser, les convertir si ce n'est par la bonne éducation de
leurs enfants qu'on renvoie ensuite comme missionnaires
et apôtres auprès de leurs propres parents ? Mais, pour
avoir ces enfants, souvent nul autre moyen n'est possible que de se les procurer à prix d'argent. L'humiliation
que nous y découvrons n'existe pas pour eux. Au
reste, l'ancien rachat des captifs chrétiens sur les côtes
de Barbarie, n'a-t-il pas attiré aux religieux rédempteurs
d'unanimes éloges, même de la part de Voltaire et d'autres incrédules? et cependant, ne pouvait-on pas dire
aussi qu'en délivrant à prix d'argent les chrétiens captifs, on excitait par là les Sarrazins à redoubler leurs
déprédations sur la Méditerranée, afin de grossir leurs
revenus? Non, ces raisons de prudence trop humaine
n'ont point arrêté nos pères. Elles ne sauraient nous
émouvoir nous-même.

1.

nouvelles sympathies en faveur de ses protégés, il ajoutait : « Qui donc ne s'empressera de concourir à une œuvre qui, si je ne me trompe, me paraît destinée à perpétuer dans la chrétienté le but de l'ordre de la Très-Sainte Trinité? »

L'homme de Dieu ne se trompait point dans cette persuasion. Quelques années après, il pouvait annoncer à ses bienfaiteurs la réalisation de l'espoir qu'il avait toujours eu de voir les religieux Trinitaires adopter et continuer son œuvre. Cette substitution a été accompagnée de circonstances, que nous raconterons en peu de mots, parce qu'on y découvre clairement l'intervention de la divine Providence.

On sait que l'ordre de la Très-Sainte Trinité a commencé par l'apparition d'un ange à saint Jean de Matha, pendant qu'il célébrait sa première messe dans la chapelle de l'évêché de Paris. L'envoyé céleste s'était présenté à lui resplendissant d'une vive lumière et revêtu d'un habit blanc; sur la poitrine, il portait une croix bleue et rouge, et ses mains reposaient sur deux captifs, dont l'un était blanc et chrétien et l'autre noir et infidèle. Jean de Matha, après avoir pris là-dessus l'avis des docteurs de Paris et l'approbation du Pape Innocent III, à Rome, avait fondé, pour la délivrance des esclaves, un institut qui existe encore aujourd'hui et dont le supérieur général réside dans le couvent de Saint-Chrysogone, à Rome.

Dans le courant de l'année 1853, un religieux de ce couvent, repassant un jour dans son esprit les circonstances de l'apparition de l'ange, que nous avons sommairement rappelée, crut y découvrir un enseignement auquel il n'avait point encore songé. Voici en quels termes il s'en ouvrit au très-révérend Père général : « Jusqu'ici, les enfants de saint Jean de Matha ont racheté les captifs chrétiens, figurés par cet esclave blanc sur la tête duquel l'ange étendait une de ses mains; mais, puisque par une disposition de la divine Providence, la piraterie des Turs et l'esclavage des chrétiens ont cessé, ne serait-il pas à propos d'accomplir l'autre partie de la vision mystérieuse, en appliquant les membres de notre Institut au rachat des nègres infidèles, représentés par le Maure sur lequel reposait l'autre main de l'ange ? »

Ces paroles ne firent pas d'abord grande impression sur l'esprit du Supérieur Général qui en recevait la communication. Il n'y fit point de réponse précise; mais, lorsqu'il y eut réfléchi un moment, elles lui parurent pleines de sens et d'à propos. Plus il pensait à cette explication de l'apparition de l'ange, plus elle lui semblait correspondre parfaitement à la destination de son saint Ordre et pouvoir ranimer le zèle de ses sujets pour l'accomplissement de leur sainte vocation.

Quelques mois après, le chapitre général

de l'ordre se réunissait à la maison mère de
Saint-Chrysogone. Le religieux en question demanda la parole, et parla avec une onction particulière sur l'excellence de l'œuvre d'Olivieri.
Il fit voir qu'elle correspondait parfaitement au
but principal de l'ordre de la T.-S. Trinité ; il
démontra le bien immense qui résulterait de sa
continuation pour l'affranchissement et le salut
de tant d'infidèles, et il conclut en conseillant
aux membres de l'Assemblée d'agréger à l'œuvre
de saint Jean de Matha, celle du saint prêtre
génois, pour lui communiquer celle stabilité
que ne pouvait promettre le dévoüement, quelque ardent qu'il fût, d'un homme isolé. Tous les
auditeurs furent ravis d'une telle proposition;
elle obtint de leur part un complet assentiment.

Or, tandis que tout cela se passait dans le
monastère de Saint - Chrysogone , le Saint
Père, qui est l'organe vivant des volontés divines, ordonnait à l'Em. cardinal Della Genga,
préfet de la S. Cong. des Ev. et Rég., de faire
savoir aux Trinitaires, rassemblés en chapitre
général, que son désir était que l'œuvre des
jeunes nègres fût agrégée à l'ordre de la T.-S.
Trinité.

Qui pourra dire l'allégresse dont furent com-
blés les bons religieux, l'Eminent Cardinal et le
Souverain Pontife lui-même, en apprenant que
l'esprit du Seigneur avait poussé le chapitre à
sanctionner, par un décret spécial, ce qu'il ins-

pirait en même temps au Père commun des
fidèles! Cette heureuse nouvelle arriva bientôt
aux oreilles d'Olivieri, qui en éprouva une immense consolation. Il ne manqua pas, dans sa
prochaine notice, d'en informer ses bienfaiteurs,
afin de les rassurer complétement sur l'avenir
de la pieuse entreprise.

De si douces espérances se sont-elles réalisées?
Hélas, non! nous devons l'avouer humblement
dans l'amertume de notre âme. En 1853, notre
ordre, chassé récemment d'Espagne, où il s'était
réfugié en 1793, au moment de la révolution
française, avait grand'peine encore à se recons-
tituer en Italie, et, sans doute aussi, dans cette
transmigration, l'esprit d'héroïque dévouement,
puisé dans la patrie des saints fondateurs, s'était
un peu affaibli parmi leurs enfants. Olivieri
l'avait compris; il l'avait douloureusement ressenti, aussi lorsque, après la restauration de
notre ordre en France (septembre 1859), nous
nous trouvâmes à Rome en 1862, le digne prêtre
génois s'écria en nous apercevant : « Oh! voici
enfin des Trinitaires français! Oui, pour mon
œuvre il me faut des Français. » Nous partagions
bien sa manière de voir, et nous aurions voulu
seconder ses désirs, mais le manque de sujets,
et d'autres raisons, nous en ont empêché; car,
nous étions convaincu que le seul moyen de
donner à notre ordre, surtout en France, de la
stabilité et du développement, consiste à l'ap-

pliquer à l'œuvre spéciale pour laquelle il a vocation divine. Mais, grâces à Dieu, nos religieux
français pourront bientôt satisfaire cette soif de
zèle et de dévouement que le Ciel a déposée dans
leur cœur.

Olivieri a succombé à ses fatigues au mois
d'octobre 1864. Nous ne voulons point passer
ici sous silence une circonstance bien remarquable de sa mort.

Ce grand serviteur de Dieu, cet homme déjà
illustre, que l'Italie se glorifie d'avoir donné à
l'Eglise, avait parcouru souvent les diverses provinces de l'Italie après la fondation de son
œuvre, il avait sillonné en tout sens, et plusieurs
fois, d'autres contrées de l'Europe méridionale ;
il avait demeuré fréquemment en Egypte et fait
de nombreux voyages sur mer. Cependant, quand
il devra rendre le dernier soupir de cette vie si
active, si bien remplie, et laisser à d'autres,
avec ses ossements vénérés, l'héritage de son
zèle et de ses travaux, la Providence aura soin de
le faire arriver sur le sol de cette France qui est
toujours la terre classique du dévouement à
toutes les causes qui intéressent l'Eglise et l'humanité (1), et, dans la France encore, il devra

(1) En effet, c'est en France qu'ont pris naissance la
plupart des congrégations qui, de nos jours surtout, se
sont vouées à l'évangélisation des pays infidèles. Elle a
fourni à l'œuvre de la Propagation de la Foi, le plus
grand nombre de ses sujets et de ses martyrs, comme

fermer les yeux à la lumière, dans la Provence qui, après avoir donné le jour au premier fondateur de l'ordre du rachat (1), a vu successivement un si grand nombre de ses enfants se dévouer au soulagement de leurs frères captifs. C'est dans la Provence, d'ailleurs, qu'a eu lieu, en 1859, la restauration de l'ordre de la Très-Sainte Trinité, après un exil de plus d'un demi-siècle. Elle méritait donc bien d'enfanter à la vie éternelle celui qui a renouvelé de nos jours le spectacle de la plus héroïque abnégation en faveur de nouveaux esclaves.

aussi la presque totalité de ses ressources pécuniaires. Nous pourrions dire encore, en généralisant notre point de vue, que c'est la France qui a fondé dans l'Église la plupart des ordres religieux, soit directement, lorsque les fondateurs étaient ses enfants, soit d'une manière indirecte, lorsque ces hommes éminents, nés ailleurs, ont dû venir puiser dans son sein le dévouement ardent et et le zèle expansif nécessaires au développement de leur œuvre. Ainsi en a-t-il été de saint Ignace de Loyola, de saint Dominique et de beaucoup d'autres.

(1) Saint Jean de Matha, fondateur, avec saint Félix de Valois, de l'ordre de la Très-Sainte Trinité pour la rédemption des captifs, est né en 1160, à Faucon, près Barcelonnette, dans la haute Provence qui forme aujourd'hui le département des Basses-Alpes. Les religieux de la Merci qui avaient le même but que les Trinitaires, mais non point la même règle ni le même habit, ont été fondés, en 1215, par saint Pierre Nolasque, Français, né aux environs de Carcassonne.

On aura donc pu voir le serviteur de Dieu,
étendu sur son pauvre grabat, diriger encore ses
regards mourants vers l'Orient, envoyer un dernier adieu à ses enfants maures, et les bénir
d'une main, tandis que de l'autre il appelait à
leur secours ceux qu'il savait pouvoir comprendre les nobles désirs de son cœur, et vouloir
y répondre.

Mais, tout en exaltant le zèle d'Olivieri,
nous ne prétendons point qu'on doive suivre
aveuglément la marche qu'il a tenue dans la direction de son œuvre. Ce saint prêtre s'est occupé presque exclusivement de la régénération
des jeunes négresses; il les a placées le plus souvent dans des couvents du centre de l'Europe,
où elles ont été enlevées presque toutes par une
mort prématurée, à cause de la trop grande dif-
férence de ce climat avec celui de leur patrie.
Enfin, Olivieri a semblé oublier un peu que,
parmi ses protégées, toutes n'auraient point
vocation pour prendre le voile et passer leur vie
entière avec des religieuses.

Une telle entreprise, toute restreinte qu'elle a
été, constituait déjà, il faut l'avouer, un labeur
immense pour une personne presque toujours
seule. Mais une congrégation religieuse, continuant la même œuvre, pourra opérer sur une
plus vaste échelle. Elle devra avoir pour l'éducation des nègres diverses maisons dans les contrées du sud de l'Europe et sur la côte nord de

l'Afrique, en Egypte et en Algérie. Instruits dans ces asiles, et devenus solidement chrétiens, les Maures seront répartis ensuite dans d'autres fondations plus méridionales encore et surtout sur la côte orientale de l'Afrique où les Européens peuvent vivre aussi bien que les indigènes, puis de là, échelonnés par tribus, par villages, jusqu'aux provinces les plus centrales de la péninsule africaine, ils deviendront pour leurs concitoyens des missionnaires d'autant plus utiles, d'autant plus capables de résister aux fatigues de cet apostolat, qu'ils seront déjà initiés intimement aux usages, à la langue, au climat des peuplades qu'il s'agit de convertir à la vraie foi.

Dans les diverses fondations dont nous parlons, les nègres seront confiés à des religieux des deux sexes, voués à l'enseignement de la jeunesse. Les jeunes filles s'y formeront aux travaux domestiques et les garçons à la pratique des arts mécaniques et à ces études élémentaires qui sont indispensables à tous les artisans. On les laissera parfaitement libres, les uns et les autres, de suivre la voie qui est la plus commune parmi les enfants d'Adam, c'est-à-dire d'entrer dans le mariage (1).

(1) Voir, à cet égard, les excellents articles publiés par M. Girard, de Grenoble, dans son journal, *la Terre Sainte*, 4ᵉ année, mars 1868. M. Girard a visité trois fois l'Orient, et c'est le résultat de ses observations qu'il livre

Tel est le plan que suivent déjà, pour la régénération de l'Afrique centrale, le digne abbé Comboni et ses zélés coopérateurs de Vérone. Le Très-Révérend Père Ange-Marie de Sainte-Agathe, préfet apostolique de la mission de Tripoli, en Barbarie, faisait savoir dernièrement à M. l'abbé Comboni qu'il donnait un plein assentiment à cette mesure et l'adoptait pour la conversion des nègres qui avoisinent sa préfecture. Les missionnaires du Saint-Esprit observent la même méthode à Zanzibar, les pères jésuites à Madagascar et les Oblats de Marie au port de Natal.

Nulle part, le besoin d'une pareille œuvre pour la conversion des malheureux enfants de Cham ne se fait plus vivement sentir que dans le centre de l'Afrique; là surtout a lieu, encore de nos jours, l'exploitation de l'homme par l'homme (1), c'est-à-dire le honteux trafic des

au public religieux de la France. Au reste, son zèle embrasse non seulement les intérêts des saints lieux, mais tout ce qui peut contribuer à la conversion des peuples de l'Orient et de l'Afrique à la vraie foi. Nous ne saurions trop recommander sa Revue, rue Chenoise, 10, à Grenoble.

(1) Dans la préface de la Vie de saint Jean de Matha, où nous parlons du but, toujours subsistant, de l'ordre de la Très-Sainte Trinité, nous avons appuyé surtout notre raisonnement à cet égard sur une lettre qu'a bien voulu nous adresser l'éminent évêque actuel d'Orléans, Mgr Dupanloup. En voici les premières lignes. « J'ai

esclaves (1). Or, c'est dans cette contrée précisément que nous espérons voir bientôt nos reli-

toujours eu pour votre saint Ordre la plus vive sympathie, et je suis bien loin de croire qu'il n'ait plus de
mission à remplir dans un siècle où l'exploitation de
l'homme par l'homme est fort loin d'avoir cessé et où
l'horrible plaie de l'esclavage souille encore ta.'. de
contrées de la terre... » Cette lettre est du 15 mai 1863.

Le 18 août de la même année, le même Prélat
nous disait dans une autre lettre : « Votre œuvre est
toujours éminemment catholique. Elle me semble venir
merveilleusement en son temps aujourd'hui. »

(1) On a répété sur tous les tons, et des gens, d'ailleurs bien intentionnés, ont fini par croire que le commerce des esclaves est aboli partout, depuis que les principales puissances européennes, y renonçant pour elles-
mêmes, ont tâché d'amener les autres nations du globe à
la même abstention, soit par des conseils amicaux, soit
en les menaçant d'agir, au besoin, contre elles par la
voie des armes; mais il s'en faut qu'on ait réussi à faire
cesser complétement ce hideux trafic. Les relations d'O-
livieri, de M. Comboni et de quelques autres missionnaires témoignent hautement du contraire. Ce commerce
n'ose plus, il est vrai, s'étaler au grand jour, mais il
n'en existe pas moins. On a pu croire que le Brésil allait
fermer ses ports à de nouvelles acquisitions d'esclaves,
mais il n'en est rien. Dans le *Moniteur* du 18 juin 1868,
on lit : « L'empereur du Brésil ayant à parler dans son
discours du trône de l'esclavage des nègres, a déclaré
que cette question a été, de la part de son gouvernement,
l'objet d'une étude assidue, mais Sa Majesté ne s'est ex-
primée, à cet égard, que d'une manière générale, et n'a
point fait pressentir encore les mesures qui ont été ju-

gieux trinitaires exercer, au profit des nègres,
leur céleste mission de rédempteurs. Nous pré-
parons, en ce moment même, toutes les mesures
qui doivent assurer le succès de cette entreprise (1).

gées opportunes. » On conviendra que ce n'est point là
l'effet d'un zèle bien ardent pour la cessation du commerce en question. Au reste, lors même que la France
et l'Angleterre, par les croisières qu'elles ont établies
dans les mers qui entourent l'Afrique, parviendraient à
empêcher les habitants de l'Europe et de l'Amérique de
s'y approvisionner d'esclaves, pourront-elles jamais arriver à détourner les peuples du centre et même des côtes
de la grande péninsule, de l'usage où ils sont de se réduire mutuellement en esclavage, et d'immoler les captifs sur les autels de leurs divinités? Assurément, pour
atteindre ce but, la voix de la religion sera plus puissante
que celle du canon, et les travaux persévérants des
missionnaires catholiques feront plus pour la civilisation
des nègres de la Cafrerie et du Soudan, que tous les discours et les rapports des négrophiles et philanthropes
de Paris et de Londres, qui savent admirablement péro-
rer en faveur de ces malheureux, mais qui se gardent
bien d'agir et de payer de leur personne, pour aller
à leur secours.

(1) De concert avec M. l'abbé Comboni, de Vérone,
Missionnaire apostolique et Supérieur des Instituts des
nègres en Egypte. Ce digne prêtre, non moins pieux que
zélé, a passé une douzaine d'années dans les missions
d'Afrique, et il publie en ce moment, à Paris, une bro-
chure sur la *Régénération de l'Afrique par l'Afrique
elle-même.*

Puissions-nous être secondés par de nombreux coopérateurs, et soutenus par de suffisantes ressources (1). Mais, au reste, nous comptons, avant tout, sur les secours du Ciel, et en particulier sur l'appui et la protection de nos saints fondateurs. Aussi, osons-nous redire ici la prière que nous adressions à saint Jean de Matha, dans l'opuscule qui raconte sa vie :

« Daignez, ô grand saint, daignez, du haut du ciel, dilater cette œuvre qui est comme l'extension et le complément de la vôtre, l'œuvre du rachat, de l'affranchissement et de la civilisation de ces pauvres nègres qui gémissent, profondément humiliés, dans tant de contrées de la terre, mais surtout en Afrique. Oh ! faites que la France, votre patrie, sente de nouveau ses entrailles s'émouvoir au spectacle de ces créatures que la servitude et le malheur de leur naissance ont fait descendre jusqu'aux dernières limites de

(1) Nos bienfaiteurs ont part au mérite de toutes les bonnes œuvres, prières et pénitences qui se font dans notre saint ordre. On prie chaque jour pour eux dans nos couvents, et, dans chacune de nos maisons qui forme communauté, on acquitte chaque semaine à perpétuité, le lundi, une messe pour nos bienfaiteurs décédés, et le samedi, une messe pour nos bienfaiteurs vivants. En outre, les personnes qui ont reçu notre scapulaire de la Très-Sainte Trinité, participent à de très-nombreuses indulgences reconnues authentiques et augmentées encore par S. S. Pie-IX, en 1847.

la dégradation morale (1). Faites que, suivant votre noble exemple, des hommes dévoués, devenus vos enfants, préparent à ces infortunés un sort meilleur, et qu'ils parviennent à les placer, affranchis et sanctifiés par une éducation chrétienne, au rang des serviteurs du vrai Dieu. »

Fête du T.-S. Rédempteur, 23 octobre 1868.

(1) Saint Augustin, cherchant l'origine de l'esclavage, la trouve dans le péché, dans la malédiction : « Les premiers justes, dit-il, furent établis pasteurs des troupeaux plutôt que rois des autres hommes. Aussi ne trouvons-nous pas, dans les Ecritures, le mot *esclave* avant le jour où le juste Noé le jeta, comme un châtiment sur son fils coupable; d'où il suit que ce mot est venu de la faute, non de la nature. »

APPRÉCIATION

DE

L'ŒUVRE D'OLIVIERI

EN FAVEUR

DES ENFANTS NÈGRES D'ORIENT

Par la *Civiltà Cattolica* (1).

—

Le voyageur qui suit les sinuosités de l'Aniéno jusqu'au sanctuaire de Sainte-Scholastique se trouve fréquemment au milieu d'un groupe de jeunes gens qui, après avoir terminé leurs exercices littéraires, se sont répandus de tous côtés

(1) Le mystère de la destinée des nations, dont l'une est appelée à la vie de la foi, tandis que l'autre est laissée dans les ténèbres de l'erreur, l'efficacité de la grâce divine, qui change en agneaux et en douces colombes les indomptables fils de Cham, la fécondité de l'apostolat catholique, qui, toujours réduit à l'agonie, réalise cependant toujours de nouvelles et merveilleuses acquisitions pour le ciel, et d'autres semblables considérations, fournissent, dans ce récit, une ample matière à la réflexion. C'est à ce titre que nous l'offrons à nos lecteurs.

sur ces montagnes où prit naissance la vie religieuse en Occident.

Ce sont là, si vous ne le savez point encore, des
élèves et des disciples des RR. PP. Bénédictins,
dont ils ont revêtu le saint habit, et sous la direction desquels ils se forment à la vertu et
aux habitudes monastiques. Il y en a six parmi
eux plus jeunes que les autres et qui attirent
spécialement les regards et l'affection de ceux
qui les visitent. La couleur noire de leurs visages, qui se distingue fort peu de celle de leurs
vêtements, démontre clairement que ce ne sont
point des habitants de notre pays, mais bien des
naturels de ces plages lointaines exposées aux
rayons les plus ardents du soleil. On trouve
aussi d'autres jeunes nègres dans les différents
séminaires d'Italie, mais le nombre en est faible,
comparé à celui des petites filles mauresques,
dont on a pourvu, eu France et en Italie, une
centaine de monastères (1).

Au reste, nous devons les avertir que cette appréciation
de l'Œuvre d'Olivieri a été faite, par les savants rédac-
teurs du journal romain, dans le courant de l'année
1854. L'Œuvre du prêtre génois était alors dans sa période d'accroissement, aussi le narrateur parle-t-il au
temps présent. Nous avons cru devoir ne rien toucher
à son récit dans notre traduction.

(1) Ce louable empressement de tant de maisons religieuses pour accueillir et élever les enfants nègres a
démontré, une fois de plus, la vérité du proverbe pro-

Comment s'est-il donc fait que nos contrées se soient enrichies de ces plantes exotiques ? Quelle est la main industrieuse qui les a recueillies ? Comment a-t-elle pu en venir à bout, et dans quel dessein les a-t-elle confiées de préférence à des maisons religieuses ?

Telles sont les questions auxquelles nous venons faire une réponse, soit pour faire connaître, à quiconque l'ignorait encore, cette œuvre nouvelle de haute bienfaisance, soit pour prouver une fois de plus l'immense supériorité de la charité chrétienne sur la philanthropie purement humaine.

Tous les prétendus libérateurs des peuples, philosophes et économistes, qui ne cessent de nous vanter leur amour pour l'humanité souffrante, ne méritent de notre part nulle confiance. Leur cœur est vide de toute affection pour leurs frères, et leur esprit, habitué à ne considérer que les intérêts purement matériels, n'aurait pas même pu concevoir l'idée de l'entreprise qui vient d'être réalisée par un humble serviteur de Dieu, dénué, sans doute, de tous moyens extérieurs, mais animé de cet esprit vivifiant, qui opère des merveilles, et exalte les

vençal qui dit de chaque couvent : *Es la meisoun de Diou, chi li ven li viou;* c'est la maison de Dieu, qui y vient y vit.

2

faibles pour confondre la sagesse des super-
bes (1).

Cet insigne bienfaiteur de l'humanité, ce père
plein de tendresse, ce libérateur, enfin, de tant
d'infortunés, c'est un excellent prêtre génois,
Nicolas Olivieri (2). Nous admirons maintenant

(1) Le parallèle suivant pourra édifier nos lecteur. En
l'an 1820, une riche société d'Américains avait conçu le
dessein de doter les populations de l'Afrique centrale des
bienfaits de la civilisation et du christianisme; on chosit,
à cet effet, une plage de la côte africaine, et bientôt fut
fondée la colonie de Libéria. On y fabriqua des maisons,
on y éleva des manufactures, et les journaux, tant de
l'ancien monde que du nouveau, semblaient n'avoir point
assez de voix pour louer et exalter cette entreprise hu-
manitaire. L'Afrique semblait devoir être bientôt con-
vertie toute entière en Eden enchanté. Or, qu'en est-il
résulté ? Encore une fois, la montagne en travail a en-
fanté une souris. On n'entend plus parler de rien. Les
nègres des environs ont été gagnés aux erreurs des pro-
testants, méthodistes et autres; voilà tout, et nos missionnaires savent combien il est alors plus difficile de
les convertir que lorsqu'on les retire de leur barbarie
native. Que l'on compare à leur sort celui des négresses
d'Olivieri, reçues et élevées dans nos monastères.
(2) Olivieri est né le 21 février 1792, à Voltagio, gros
bourg à quelques heures au nord de Gênes. Son père
s'appelait Joseph Louis Olivieri, et sa mère Catherine
Bisio. Il est mort au mois d'octobre 1864, aux environs
de Marseille. Son oraison funèbre que nous donnons à
la fin de ce volume révèle beaucoup de détails de sa vie
privée.

son zèle et son dévouement, et la postérité redira ses hauts faits et sa charité véritablement surhumaine.

Quand on réfléchit sérieusement à une œuvre si laborieuse, et dont la réalisation semblait exiger la collaboration assidue de plusieurs hommes également actifs et dévoués, on adopte facilement l'opinion de plusieurs graves personnages qui sont très-persuadés que la Vierge Immaculée, sous le patronage de laquelle l'œuvre nouvelle avait été placée dès son début, a dû favoriser Olivieri de quelque vision claire et sensible, où elle l'aurait encouragé à supporter tant de fatigues, et lui aurait donné l'assurance de sa constante protection.

Quoi qu'il en soit de cette opinion, les commencements de cette œuvre de l'affranchissement des esclaves nègres remontent à l'an 1838. Olivieri fit venir, cette année-là, du Caire, un petit Maure qu'il garda auprès de lui comme un fils bien-aimé, lui donnant les premières leçons de la religion et des belles-lettres. Il put ensuite le placer dans le célèbre collége de la Propagande à Rome, où le jeune homme répondit dignement aux soins de ses nouveaux maîtres et aux désirs de son père adoptif. Après avoir remporté les premiers prix dans les classes inférieures et jusqu'en réthorique, il entreprit le cours des hautes études, et, dès qu'il eut achevé son éducation littéraire et théologique, il

fut ordonné prêtre et envoyé parmi ses nationaux dans la Guinée, où il répand actuellement
ses sueurs et fait une ample moisson pour le
grenier du Père de famille (1).

On ne pourrait dire tout le courage que pui-
sait le bon abbé Olivieri dans ces nobles succès de
son premier-né. Tout ce qu'il avait de revenus et
de biens patrimoniaux fut bientôt employé par
lui à acheter quelques autres enfants nègres.
D'ailleurs, la charité de quelques-uns de ses concitoyens ne tarda pas à venir à son secours pour
la continuation de son œuvre.

Parmi ces généreux bienfaiteurs, il faut surtout nommer trois hommes d'Etat du royaume

(1) Cet élève d'Olivieri fut appelé l'abbé Santa Maria.
Une personne honorable qui l'a bien connu nous a
donné sur lui quelques renseignements. En 1849, il fut
chargé, au collège de la Propagande, du sermon en français, langue pour laquelle il avait de la propension et
une remarquable aptitude, aussi s'en acquitta-t-il fort
bien. Il avait fait précéder le débit de son sermon d'une
conversation mimique à l'usage d'Ethiopie, où la poli-
tesse consiste à toucher et tirer le nez de son interlocu-
teur, comme chez nous de lui presser la main. Il est, du
reste, fort bel homme, Ethiopien pur sang, pourvu de
belles lèvres et de dents très-blanches. Il est fort aimable, mais non moins pieux. En se rendant de Rome en
Afrique, il passa par Paris, où il donna quelques ser-
mons, surtout à Saint-Roch. Il y avait foule pour l'entendre. En un mot, il fut, pendant quelques semaines,
le lion de la capitale.

de Sardaigne : le comte Solar de la Marguerite,
alors ministre de l'intérieur, le marquis-Bri-
gnoles-Sales, ambassadeur à Paris, et le chevalier
Paul Ceruti, consul sarde au Caire. Les deux premiers interposèrent plusieurs fois leurs bons
offices pour la solution de graves difficultés ; le
dernier répondit, pendant quelques années, aux
vœux d'Olivieri, en lui envoyant, à diverses reprises, jusqu'à soixante négresses, qu'il avait pu
faire acheter sur les marchés du Caire (1).

C'était un bien touchant spectacle de voir, de
temps en temps, le bon prêtre s'acheminer, avec
sa domestique, tantôt vers le port de Livourne,
mais plus souvent vers celui de Marseille, pour
y attendre les pauvres enfants qu'il savait, par
lettres, lui avoir été expédiés. Il les accueillait
avec la plus tendre affection, prenait tous les
moyens possibles pour leur rendre agréable leur

(1) Mme Eulalie Escalon, épouse du chevalier Ceruti,
avait été la première à s'intéresser, dans Alexandrie, à
cette œuvre de charité chrétienne. Après avoir facilité le
choix et l'achat des négresses, elle les recevait chez elle,
les habillait, les faisait soigner et les expédiait pour
l'Europe pourvues de tout ce qui leur était nécessaire.
A partir de l'année 1847, les sœurs du Bon Pasteur ren-
dirent à l'œuvre les mêmes offices de charité. Elle fut
aussi soutenue alors, et dans la suite, par Jean Kalil,
premier interprète du consulat sarde en Egypte. Il opérait des rachats, veillait aux transports, et aplanissait
certaines difficultés.

2.

nouvelle patrie, et leur procurait, avec la plus
vive sollicitude, un refuge assuré, où ils pussent
trouver, avec le pain matériel du corps, le céleste aliment d'une éducation chrétienne.

Mais, en procédant de la sorte, l'œuvre était
lente et incertaine, fort dispendieuse, et surtout
trop limitée, au gré du zélé fondateur. Il songea
donc à se porter lui-même sur les lieux du rachat, pour y satisfaire tout à fait l'ardeur de son
dévouement. Sa santé était faible, son tempéra-
ment venait d'être fortement éprouvé par de
graves maladies. Il avait soixante ans, et jamais,
jusques-là, il n'avait mis les pieds sur un bateau. Il était saisi de terreur, à la seule pensée
de se mettre en mer.

Néanmoins, obéissant à l'attrait qui le poussait
à la complète réalisation de son œuvre, il lui
vint, un jour, à l'idée de faire un essai de voyage
sur l'eau, en se rendant à Marseille par un
bateau à vapeur qui allait sortir de Gênes. Il s'y
élance au nom du Seigneur, mais hélas ! à peine
a-t-il fait quelques milles, qu'une furieuse tempête sème l'épouvante parmi les passagers. Il en
est lui-même réduit presque à l'agonie. Le vaisseau, ne pouvant revenir au point de départ, dut
tenir la haute mer et se diriger, malgré la fureur des flots, vers son but qu'il atteignit dès
que la bourrasque se fut un peu calmée. Ayant,
enfin, pris terre, notre bon prêtre, bien qu'il fût
encore sous le poids de la frayeur qu'il venait

d'éprouver, résolut dès lors de se dévouer, sans réserve, à des fatigues plus cruelles encore, s'il le fallait, dans l'intérêt de ses bien-aimés enfants. Animé de ce zèle tout apostolique, et d'une entière confiance en Dieu, il se hâte d'aller prendre, pour lui et pour sa domestique, un passeport à destination du Caire, dans la Basse-Egypte.

Il faut savoir que, parmi les détestables coutumes qui déshonorent encore cette contrée, figure le commerce des esclaves de l'un et de l'autre sexe, que l'on y vend au plus offrant, comme l'on fait chez nous pour les bêtes de somme. On tire ordinairement ces infortunés de l'Abyssinie, du Darfour, du Cordofan et des pays voisins, qui se trouvent sous la zone torride, et peu éloignés, par conséquent, de la ligne de l'équateur. La chaleur y est partout très-intense.

Il serait bien long de raconter ici toutes les industries qu'on emploie pour réduire en esclavage ces pauvres créatures. Les unes sont vendues par leurs propres parents, que la vengeance, l'appat du gain ou la crainte d'avoir à élever une trop nombreuse famille ont poussés à exercer ce honteux trafic. Les autres sont enlevées de vive force, et ravies au foyer domestique par les agents de l'autorité du lieu, en exécution de quelque châtiment, ou comme payement des impôts ou autres dettes que les parents n'ont pu solder. Le plus souvent, surtout s'il s'agit de femmes ou filles encore jeunes et d'un extérieur agréable, elles sont victimes d'un brigandage particulier exercé par des hommes qui en font métier. Ces êtres inhumains rôdent sans cesse comme des éperviers, autour des oasis et des lieux habités, jusqu'à ce qu'ils aient une occasion favorable pour fondre sur leur proie et l'enlever.

Lorsque, par suite de quelques-uns de ces stratagèmes, les infortunées, dont nous parlons, sont tombées au pouvoir de leurs ravisseurs, elles ont à subir toutes les vicissitudes de la plus déplorable existence. Vendues et revendues plusieurs fois, passant des mains de ces premiers larrons entre celles de marchands plus riches qui font en grand cet infâme commerce, on les envoie, dès qu'on peut former une caravane assez nombreuse, à travers les solitudes de Sennaar et de la Nubie supérieure, jusqu'à Kartoum, et de là, on les expédie, par les sables de la Nubie inférieure, jusque dans la basse Egypte.

Qui dira tout ce que souffrent ces malheureuses victimes dans ce long trajet de 1,500 à 2,000 lieues, depuis leur pays natal jusqu'à l'embouchure du Nil? Leur position est trop éloignée de la douceur de nos mœurs européennes, pour qu'on puisse en donner une idée qui approche de la vérité.

Quelques-unes de ces négresses ont essayé, une fois élevées en Europe, de raconter, dans leur langage encore à demi-barbare, ce qu'elles avaient enduré dans leur patrie, pendant leur enfance, mais cette peinture excitait dans l'âme des auditeurs l'indignation et le dégoût.

On en charge, outre mesure, des chameaux et des dromadaires. Heureuses sont celles qui ont pu se blottir en quelque coin des grandes valises rouges que l'on met en guise de selles sur le dos de ces montagnes vivantes. Les autres, suspendues par les bras ou par le ventre, ou bien liées deux ou trois ensemble, et jetées comme un fardeau quelconque sur les bosses de l'animal, se débattent ainsi jusqu'à ce que le mouvement de la marche leur ait fait trouver une position supportable; pourvu qu'au moment de l'arrivée, ces pauvres enfants n'aient point les nerfs tout à fait brisés, et la respiration éteinte, peu importe pour tout le reste à leurs féroces conducteurs.

La nourriture est malsaine et rebutante, et encore ne leur en donne-t-on qu'autant qu'il leur en faut pour ne point succomber d'inanition. Il n'est point question pour eux de vêtements; celui qui, au départ, avait sur le corps quelque méchant haillon, le verra tomber en lambeaux, sans que l'on songe à le remplacer, du moins, tant que la caravane n'est point arrivée au milieu de sa course; car, à partir de cette station, les acheteurs commencent à avoir quelque sentiment de pudeur, et à se montrer moins insensibles à un si douloureux spectacle. On donne alors à chaque captif quelques pièces d'étoffe, qui suffisent à peine à couvrir les nudités les plus révoltantes.

C'est avec le bâton qu'on répond aux réclamations de ces infortunées, avec le bâton aussi qu'on fait cesser leurs cris, et qu'on étouffe leurs soupirs, et si les conducteurs s'aperçoivent que quelqu'un de leurs esclaves, brisé par la souffrance, est sur le point de rendre le dernier soupir, ils s'empressent de se débarrasser de ce fardeau désormais inutile, en l'abandonnant au milieu de la route, ou dans une fosse ; ou bien encore, ils le prennent par une jambe, surtout si c'est un petit enfant, et le jettent à travers champs, où il est dévoré par les oiseaux de proie, par les hyènes ou les crocodiles.

Mais ce n'est pas tout, des angoisses plus cruelles encore pèsent sur ces malheureux fils de Cham. La crainte qu'ils ont d'être dépécés comme une viande de boucherie et d'être dévorés encore palpitants par leurs propres maîtres, leur transperce continuellement le cœur de la plus vive douleur, et cette crainte n'est pas sans fondement, car une des Mauresques, qui sont maintenant en France, assure avoir vu de ses propres yeux une de ses compagnes égorgée, puis divisée en menus morceaux par leurs conducteurs, qui en ont fait un savoureux repas.

Après trois ou quatre mois d'un pareil voyage, la caravane arrive enfin au bazar, où elle est exposée aux regards et aux investigations des acheteurs. Les bazars ou marchés, destinés à l'exhibition de cette marchandise, forment de vastes enceintes qui renferment une grande quantité de loges en terre, bonnes, tout au plus, pour des pourceaux. Là sont entassées, au milieu de la saleté et de l'ordure, les victimes humaines que l'on veut vendre. Ceux qui les gouvernent, appelés *gelaba*, sont, au dire d'Olivieri lui-même, de véritables monstres infernaux, qui n'ont de l'homme que les apparences. Sous leur barbare tyrannie végètent humblement un bon nombre de mères de famille, allaitant leurs nourrissons, de femmes, de jeunes filles de diverses nations, et enfin, de jeunes enfants de l'un et de l'autre sexe. Ceux-ci, toutefois, sont moins nombreux, parce que les souffrances d'un si long trajet deviennent mortelles pour la plupart d'entre eux.

L'esprit ne peut concevoir et la plume retracer les indignes traitements et les cruelles épreuves que font endurer à ces pauvres créatures, soit les *gelaba*, soit les acheteurs, ceux-là pour montrer la bonne qualité, la valeur de leur marchandise, ceux-ci, pour s'en assurer. Oui, nous osons le répéter ; on les vend, on les achète, on les visite, on les palpe en tous sens, comme s'il s'agissait de bêtes de somme ou d'animaux destinés à figurer à l'étal d'un boucher. Nos paroles sont assez claires, assez explicites, pour pouvoir nous dispenser de toute autre explication.

Voilà donc quel a été l'objet de l'œuvre de l'abbé Olivieri, racheter d'une double et dégradante servitude, un nombre aussi grand que possible de ces infortunés, et leur donner la double liberté de l'homme et du chrétien. Le monde, avec toute sa prétendue sagesse, ne sait voir en eux que le rebut de la race humaine, il les dédaigne; mais le prêtre du Très-Haut trouve à les soulager ses plus pures délices. Il ne se donne aucun repos qu'il ne soit parvenu à en faire l'acquisition.

Plusieurs fois, Olivieri a fait ce trajet de Marseille en Egypte, n'ayant d'autre compagnon, du moins jusqu'à ses dernières années, que sa domestique, qui, bien que privée de toute connaissance humaine, était remplie, elle aussi, d'un zèle très-ardent, et se montrait la digne coopératrice d'une si grande entreprise. Cette femme qui, à n'en juger que par les apparences extérieures, semblait ne pouvoir s'éloigner de quatre pas de son foyer, a pu, pendant que son maître était plus fatigué que de coutume, exécuter elle seule deux voyages dans ces barbares contrées. Elle en a ramené chaque fois en Italie, mais au prix de peines sans nombre, une bonne cargaison de ce précieux butin.

Nous n'entrerons point ici dans le détail des travaux accomplis par Nicolas Olivieri. On peut

s'en rendre compte par les relations succes-
sives qu'il en a publiées, mais c'est en vain qu'on
y cherche la plus simple mention de ses fatigues
personnelles ; le serviteur de Dieu refuse, non-
seulement de les livrer à la publicité, mais même
de les raconter à ses amis, dans les confidences
de l'intimité, et, tandis qu'il est tout occupé à
faire admirer la docilité et les autres bonnes qualités de ses enfants, comme aussi. la générosité
des bienfaiteurs de l'œuvre, il passe rapidement
sur ce qu'il a fait lui-même, et ne dit que ce
qu'il ne peut s'empêcher de révéler.

Il résulte, toutefois, de la lecture de ces opuscules qu'il a dû surmonter une infinité de périls
et des peines de toute sorte, à chaque nouvelle
expédition, périls dans la traversée et au milieu
des barbares, peines inouies pour l'achat, le
transport, le placement de ces enfants, et pour
se procurer à lui-même les ressources nécessaires à de nouveaux rachats.

Ses voyages, entrepris presque toujours dans
les saisons les moins favorables à la navigation,
l'exposaient à subir d'horribles tempêtes ; d'autre part, la nécessité où il était de marchander
avec les *infâmes gelaba*, l'obligation de satisfaire,
en pays étranger dont il connaissait à peine la
langue, aux divers besoins d'une si nombreuse
famille dépourvue de tout et incapable de se
suffire à elle-même ; l'aspect lamentable de ces
pauvres enfants couverts, des pieds à la tête, de

3

plaies et de vermine, leur démarche incertaine qui réclamait un soutien, en un mot, l'espèce d'agonie à laquelle il les voyait réduits, tout enfin concourait à creuser dans le cœur du charitable rédempteur une source inépuisable de poignantes angoisses.

Il lui arriva de se trouver sur le théâtre de ses travaux pendant que le choléra y exerçait les plus terribles ravages; d'autres fois, il courut le danger de se noyer dans des fleuves avec sa jeune famille, ou de tomber entre les mains des voleurs, et d'être réduit à cet état de servitude, dont il venait affranchir ses frères.

Ajoutons qu'il devait en coûter infiniment à un cœur si tendre et si magnanime d'être forcé quelquefois, par manque de ressources pécuniaires, de laisser tant de pauvres victimes dans ce honteux esclavage du corps et de l'âme. Souvent aussi, il aurait voulu acheter des enfants fort jeunes et maladifs, qui avaient un plus pressant besoin d'être régénérés dans les eaux du baptême, mais les *gelaba* ne consentaient à les lui céder qu'à condition qu'il achèterait aussi leurs mères, dont Olivieri n'avait que faire, parce qu'il n'aurait pu, malgré les soins les plus dévoués, les amener à la connaissance de la vérité.

Il lui arriva une fois de se procurer un de ces enfants encore à la mamelle, mais uniquement parce qu'il allait mourir. Il recouvra la santé,

dès qu'Olivieri lui eût administré le saint baptême. Notre vertueux prêtre se vit dès lors,
obligé de lui chercher successivement quatre
nourrices, et déjà il était sur le point de se pourvoir de deux chèvres qui eussent continué à le
nourrir sur le bateau, lorsqu'il plut à Dieu d'appeler à lui cette âme innocente. Il est bien vrai que
la vieille domestique (1), quelques bienfaiteurs
et surtout les bonnes sœurs de charité s'offraient
toujours, avec la plus grande bienveillance, à
prendre leur part de travaux et de sollicitudes,
mais, néanmoins, les plus rudes fatigues étaient
toujours pour le bon Olivieri.

(1) Voici un curieux rapprochement. La domestique
d'Olivieri et le grand agitateur Mazzini sont sortis l'un
et l'autre des environs de Gênes; la première, obscure
et chétive, affronte hardiment le péril pour être utile
à ses semblables, l'autre, grand orateur, se tient pru-
demment à l'écart au moment du danger; l'une ne pro-
met rien mais fait beaucoup, l'autre se répand en pro-
messes et ruine ses crédules adeptes par les désastres
dans lesquels il les précipite. Mais achevons la compa-
raison; l'une est déjà bénie par des milliers de voix, en
attendant que Dieu lui-même la couronne dans le ciel,
l'autre est exécré présentement par les dupes qu'il a
faits, en attendant les châtiments d'une autre vie. En
un mot, l'une a été sur la terre l'instrument des miséricordes du Seigneur, l'autre a été ici-bas l'auxiliaire et
le suppôt de Satan. — Magdeleine Bisio, née le 15 août
1791, à Fiacone, près Voltagio, fut pendant 50 ans la
domestique d'Olivieri. Elle a donné pour l'œuvre des
négresses tout ce qu'elle possédait. Elle a fait quinze ou

Dès qu'il avait fait, par esprit d'économie, ses provisions de riz, de biscuit et surtout de dattes, dont les nègres sont si friands, il prenait passage pour lui et les siens, mais aux dernières places, sur quelque bateau à vapeur, qui se dirigeait vers l'Europe. Or, les ennuis d'un voyage si nouveau pour eux, et aussi (qui le croirait?), l'amour du sol natal, et enfin la complète ignorance où ils étaient encore sur le prix de la liberté qu'ils venaient d'obtenir, rendaient souvent tous ces pauvres enfants d'une humeur chagrine et mélancolique, et leur inspirait les craintes les plus exagérées sur leur avenir. Chez plusieurs d'entre eux, on voyait persévérer des maladies déjà anciennes, ou s'en développer de nouvelles, contractées dans les tanières empestées des bazars qui leur avaient servi de gîte provisoire. Chacun d'eux ne souffrait que sa part de ces misères, mais leur père commun les ressentait toutes et très-vivement au fond du cœur.

Que dirai-je de ces furieuses bourrasques excitées par la jalousie du démon? De ces soudaines terreurs d'Olivieri qui, voyant au sein d'une tempête, ses chers enfants dans un péril prochain de perdre en même temps, la vie de l'âme et celle du corps, leur rappelle, en peu de mots, ce

seize voyages en Egypte. Bien que l'âge et les fatigues lui aient affaibli considérablement la vue, elle est toujours très-utile à l'œuvre.

qu'il a déjà pu leur apprendre des mystères de la foi, et tenant à la main une éponge imbibée d'eau, verse sur leur front l'onde salutaire qui doit les faire enfants de Dieu?

Que dirai-je des sentiments qu'il éprouvait lorsqu'il en voyait quelqu'un expirer sous ses yeux, dans le bateau même, et qu'après avoir récité sur les restes mortels les dernières prières de l'Eglise, il devait les confier aux flots de la mer? Il entend cette chute du cadavre dans le gouffre, mais aucun signe n'indiquera où repose de son dernier sommeil, ce membre du Christ.

Peut-être même un énorme poisson a-t-il englouti dans son sein, et sous les yeux mêmes de ce père désolé, la froide dépouille de son enfant chéri (1).

On voudrait peut-être savoir pourquoi Olivieri a choisi de préférence des enfants d'un âge encore tendre, et du sexe féminin. Serait-ce parce qu'il y a moins de garçons dans les antres de l'esclavage? ou bien a-t-il agi par raison d'économie? Dans une entreprise, qui porte si visiblement les caractères de l'inspiration divine, il serait téméraire de vouloir chercher des motifs puisés dans la prudence humaine. Nous pouvons,

(1) Olivieri a fait en tout treize voyages en Orient, et à sa mort, arrivée en 1864, il avait racheté près de huit cents enfants nègres.

sans crainte de nous tromper, affirmer qu'aucune des raisons, alléguées ci-dessus, n'a porté Olivieri à cette acquisition presque exclusive de jeunes négresses.

Dans les bazars d'Afrique, les enfants des deux sexes sont en nombre à peu près égal, et le prix des jeunes garçons est même généralement moins élevé que celui des petites filles; mais le saint prêtre a dû nécessairement préférer celles-ci, parce qu'il trouvait plus facilement à les placer dans des monastères, pour leur éducation, et il les prenait jeunes encore, afin qu'elles fussent plus dociles à l'action de la grâce et aux leçons de leurs pieuses institutrices, ce qui n'aurait point eu lieu assurément de la part de femmes déjà avancées en âge et accoutumées au vice.

Olivieri s'est toujours fait une loi rigoureuse de ne point confier à des familles particulières l'éducation de ses protégées, et nous croyons que sa conduite a été fort sage, car il faut à ces personnes un traitement particulier qui, en fortifiant leur corps, développe leur intelligence et forme leur cœur. Or, en supposant qu'elles eussent pu trouver d'abord tous les soins voulus dans quelques-unes des familles qui les réclamaient, on peut bien présumer, sans manquer à la charité, qu'un peu plus tard, il n'en aurait pas été de même, et que ces négresses auraient eu sous les yeux des exemples pernicieux d'irréligion et d'inconduite.

Comment Olivieri, qui déjà était absorbé par
tant d'affaires diverses, aurait-il pu s'imposer encore la charge de surveiller continuellement ses
protégées, et de prendre des informations sur
la conduite et les dispositions des familles qui les
avaient adoptées. La fortune et la position sociale
de celles-ci auraient pu aussi, dans l'espace de
quelques années, subir de rudes atteintes, et il
serait peut-être arrivé au pieux fondateur de voir
exposées de nouveau sur la voie publique, sans
pain ni abri, celles de ses enfants qu'il croyait
placées pour toujours au sein de l'abondance.

Olivieri voulant donc transporter ses tendres
fleurs dans des jardins choisis, moins exposés
aux brusques changements de température, a de
bonne heure jeté les yeux sur les maisons religieuses de femmes, où les attentions les plus
délicates et des soins réellement maternels leur
ont été prodigués, avec cette abnégation et ce
dévouement qui sont l'apanage du sexe qui y
demeure.

Mais il nous faut revenir sur le bateau que nous
avons laissé en haute mer. Le voilà arrivé dans
le port de Marseille. C'est là qu'Olivieri débarquait ordinairement, et, à peine avait-il mis
pied à terre, qu'il éprouvait la générosité toujours
inépuisable du peuple de France. Il est vrai qu'il
en ressentait déjà les effets sur les bateaux français, car il y a obtenu fort souvent de notables
réductions de prix. Les sollicitudes du vertueux

prêtre se renouvelaient à chaque nouveau débarquement, pour les divers placements de ses négresses, mais néanmoins, à peine les avait-il conduites dans l'asile qui devait les recevoir, qu'il s'apprêtait à supporter d'autres fatigues.

Le jour de la réception des négresses, dans les divers monastères, était toujours comme une fête solennelle pour toute la communauté. Chaque sœur veut faire la bienvenue à la nouvelle arrivée, la caresse, la réjouit, et cherche déjà à lui faire part de ce bonheur intime qu'elle possède elle-même. Peut-être croira-t-on que ces expansions de joie étaient occasionnées uniquement par la nouveauté du spectacle, mais la source en était ailleurs, car, ces épouses du Christ éclairées par la foi, découvrent un inappréciable trésor dans ces êtres déchus, qui, pour un œil vulgaire, ne sont que le rebut de la grande famille humaine. Elles reconnaissent, dans chacune de ces pauvres créatures, une âme, non-seulement rachetée au prix du sang d'un Dieu, mais élue d'une façon particulière pour le ciel, et enlevée, par une attention spéciale de la Providence, aux griffes de l'ennemi commun.

Elles savent, en outre, que par ce moyen, et sans sortir de l'enceinte de leurs sacrées demeures, elles ont le bonheur de coopérer efficacement à la plus excellente de toutes les œuvres, celle du salut des âmes. Enfin, elles honorent le Sauveur lui-même dans la personne de ces chétives créatures, et, la pensée que chacune d'elles pourra, une fois avancée en âge, et affermie dans la connaissance de la vérité et dans la pratique de la vertu, retourner un jour dans son pays natal, et y faire connaître les beautés de la religion chrétienne, cette pensée devient pour leur esprit une douce et sainte espérance.

· Et, lors même qu'elles n'auraient d'autre but, en cela, que d'avoir constamment sous les yeux et de pouvoir montrer à leurs élèves un monument vivant de la miséricorde du Seigneur, ne serait-ce donc point déjà, pour elles et pour ces jeunes cœurs, un immense avantage? Assurément, pour faire croître dans les enfants des sentiments de reconnaissance envers le Seigneur qui les a fait naître dans un pays civilisé, et de parents chrétiens et pleins de tendresse pour eux, il n'y a point de meilleur moyen que d'interroger, en leur présence, des infortunés qui, privés de ce double bonheur, racontent que, dans leur pays natal, des milliers de personnes et celles même qui leur sont les plus chères, sont soumises encore aux pratiques de la plus désolante barbarie.

Inutile de dire avec quel soin les pieuses maîtresses pourvoient au bien-être matériel des jeunes négresses et à la culture de leur esprit. A mesure qu'elles les dirigent et les instruisent, elles aperçoivent, sous cet extérieur quelquefois rebutant, de si belles âmes, des esprits si subtils,

3.

des cœurs si aimants, qu'elles en sont dans la plus vive admiration. Toutes les lettres adressées par elles au vénérable fondateur de l'œuvre en font foi.

Grâce à leur jeune âge, ces enfants venues de l'Afrique, n'ont pas grande peine d'apprendre la langue de leurs maîtresses, du moins suffisamment pour se faire comprendre. Combien de choses nouvelles, étranges, merveilleuses, n'ont-elles pas alors à raconter, puisqu'elles arrivent, pour ainsi dire, d'un autre monde ? Elles parlent tour à tour de leurs parents, de leurs coutumes nationales, de la configuration de leur pays, des vicissitudes de leur captivité, des accidents de leur voyage, etc. Chacune d'elles a toute une Illiade de malheurs à raconter, chacune son Odyssée d'aventures à dérouler sous les yeux de ses compagnes. Si on recueillait toutes ces narrations, on en composerait d'intéressants opuscules.

Mais disons un mot de leur éducation morale, et du profit qu'elles en retirent. Ordinairement, Olivieri a confié ses chères négresses aux monastères, lorsqu'elles n'avaient point reçu le saint baptême, afin qu'elles eussent tout le temps d'en apprécier mieux l'importance et les obligations. Le premier soin de leurs maîtresses est donc de les instruire des mystères de la foi chrétienne, de la nécessité et de l'efficacité du sacrement qui nous rend enfants de Dieu. Or, les Mauresques en ont à peine entendu parler, qu'elles conçoivent un très-ardent désir de le recevoir, et c'est un spectacle bien touchant de voir l'extrême soin qu'elles ont de hâter ce moment fortuné, en surmontant la légèreté si naturelle au jeune âge. Elles mettent tout en œuvre pour retenir, dans leur mémoire, les enseignements du catéchisme et mériter ainsi d'être admises plus tôt au saint baptême.

Il serait trop long pour nous de parler ici, même sommairement, des préparatifs que l'on fait généralement pour ces augustes cérémonies, de la solennité qui les accompagne, et des faveurs célestes qui pleuvent alors sensiblement, pour ainsi dire, sur ces heureuses créatures. Leur allégresse se communique à toute la communauté, quelquefois même à une ville entière, qui prend part à cet acte de régénération spirituelle, comme à un événement de la plus haute importance pour tous les spectateurs. Les lettres qui rapportent ces heureuses dispositions témoignent aussi que le naturel de ces négresses est excellent, et se prête admirablement à la culture qu'on leur donne. On y voit que ces enfants sont animées d'un saint zèle pour le salut éternel de leurs semblables, et qu'elles nourrissent, dans leur cœur, les sentiments de vertu chrétienne et de perfection, avec autant de soin que pourraient y mettre des âmes soigneusement élevées dans la pratique de la foi dès leurs plus tendres années.

Nous ne pouvons résister au plaisir de citer ici quelques traits qui démontrent la candeur de leur esprit et, en même temps, la fermeté de leurs convictions religieuses. Nazra et Fatma étaient élevées chez les dames de la Visitation, à Valence. On leur disait quelquefois, en plaisantant, que, lorsqu'elles seraient plus affermies dans la foi, on les renverrait dans leur pays, pour faire place à d'autres : « *Non, non*, s'écriaient-elles, *autres petites négresses venir, mais nous rester ici, même mortes* » et, comme on leur faisait observer que le local ni les ressources ne pouvaient suffire pour tant de monde, elles ajoutaient aussitôt : « *Nous faire place, nous travailler beaucoup et manger peu.* » D'autres étaient sur le point de recevoir, à Dôle, le saint baptême ; des dames de la ville leur offrirent de leur donner tout ce qu'elles pourraient désirer de plus précieux, si elles voulaient renoncer à recevoir ce sacrement : « *Non*, s'écrièrent-elles vivement, *nous voulons être baptisées. Peu nous importe d'être et de demeurer pauvres, mais ce qui nous importe beaucoup, c'est d'être filles du bon Dieu* (1). »

On pourrait composer un volume entier de lettres, constatant de si louables sentiments. Nous ne dirons rien des dispositions si édifiantes

(1) On trouvera beaucoup de faits semblables dans les relations d'Olivieri.

qu'elles apportent à la réception des sacrements d'Eucharistie et de Confirmation. Nous passons également sous silence les rapides progrès qu'elles font dans la vertu ; chacun peut s'en rendre compte par ce que nous venons de dire sur leurs débuts dans la vie chrétienne; car on peut bien comparer la vertu à une jeune plante qui croît et se développe en raison de sa vigueur intrinsèque, de la fertilité du sol qui la reçoit et des soins intelligents qu'on lui donne. Or, pour peu qu'on réfléchisse à la vocation spéciale de ces humbles créatures à la foi, à la continuité des pieux exercices qu'elles ont sous les yeux, et à la vigilance toute maternelle qui dirige désormais leurs pas dans la vie, on peut facilement se figurer quelle doit être la pureté de leurs mœurs, après le baptême. Il n'est donc pas étonnant que toutes les supérieures des communautés qui en ont reçu, s'accordent dans leurs lettres à en faire le plus bel éloge, à remercier l'abbé Olivieri du dépôt qu'il leur a confié, à lui en demander le renouvellement et à faire les vœux les plus ardents pour le développement de son Œuvre, en faveur de tant de pauvres âmes qui gémissent encore dans les ténèbres de l'infidélité.

La sainteté d'une personne ne se connaît jamais mieux que lorsqu'on la voit parvenue au seuil du tombeau. Nous voudrions donc, pour achever faire connaître quelle a été parmi nous la haute piété des négresses rachetées par le digne prêtre,

raconter la mort si exemplaire de celles qui sont
déjà allées recevoir dans le ciel la récompense
de leurs mérites. Nos lecteurs trouveront à cet
égard quelques détails bien consolants à la fin
du présent volume, où nous résumerons les
diverses relations d'Olivieri.

L'appréciation du public a été constamment
favorable au pieux trafic qui nous occupe. Il
n'était pas besoin, assurément, d'un long examen
pour en concevoir toute l'importance. La sainteté
du but que l'on se proposait, la convenance des
moyens d'action, les faveurs célestes dont l'œuvre
a été accompagnée dès son berceau, devaient
satisfaire toute conscience timorée et la convaincre que c'est bien là une de ces entreprises
que la religion du Christ peut seule inspirer et
mener à bonne fin; mais Dieu, toujours libéral
pour ceux qui se donnent entièrement à lui, a
voulu, de plus, que l'œuvre d'Olivieri fût hautement louée et recommandée par les premiers
pasteurs de son Eglise. A peine le serviteur de
Dieu avait-il commencé son pénible rachat et
ses courses en France et en Italie, pour y placer
ses enfants et s'y créer des ressources, qu'il reçut
de tous côtés des félicitations sur le genre de son
apostolat, des encouragements et des secours (1)

_____

(1) Les frais de cette œuvre sont réellement énormes.
Chaque enfant coûte, d'abord, 500 francs que l'on donne
au gelaba au moment de l'achat, mais il faut, de plus,

pour qu'il pût lui donner encore plus d'extension. Evêques, chanoines, curés, religieux, simples fidèles, tous s'empressaient à l'envi de
seconder les efforts du prêtre génois. Il avait
soin, d'ailleurs, de donner, à la fin des relations
qu'il publiait sur les progrès de son œuvre, les
noms de ses généreux bienfaiteurs. Le Souverain
Pontife heureusement régnant, l'illustre Pie IX,
a voulu témoigner aussi combien il a à cœur
cette œuvre de l'affranchissement et de l'éducation des jeunes négresses.

Plusieurs fois Sa Sainteté a admis au baisement
des pieds Olivieri et sa domestique, et a voulu
apprendre, de leur bouche, les plus remarquables
de leurs aventures. Elle a daigné louer haute-

pourvoir à la nourriture, aux vêtements, aux transports
par terre ou par eau pendant un long trajet. Nous
croyons ne point nous écarter de la vérité en disant que
chaque enfant racheté et confié aux mains qui doivent
l'élever ne revient pas à moins d'un millier de francs. Il
est vrai que le prix de ces infortunés est bien moins
élevé dans les contrées les plus centrales de l'Afrique.
Aussi les missionnaires qui s'occupent actuellement de
l'affranchissement des nègres, se proposent-ils de se
transporter eux-mêmes dans l'intérieur, pour emmener
les naturels sur les côtes et les renvoyer dans leur pays
natal, dès qu'ils sont suffisamment instruits dans la religion chrétienne; mais, il faudra toujours que les mo-
dernes rédempteurs puissent disposer de grandes sommes et d'un personnel nombreux pour soutenir et
développer l'œuvre de l'affranchissement des nègres.

ment leur entreprise et enflammer leur zèle, en
leur donnant Elle-même des avis propres à diriger leur marche. Enfin, le même Pontife a
ouvert, en leur faveur, le trésor des indulgences
célestes. En 1852, S. S. avait accordé une bénédiction spéciale à toutes les personnes qui coopé-
reraient à cette œuvre de haute bienfaisance, et,
plus tard, Elle leur donna l'indulgence plénière
in articulo mortis.

Mais il a été dit : *qui aime craint.* Malgré tous
les progrès et l'extension de l'œuvre, plusieurs
bienfaiteurs tremblaient à la pensée qu'elle ne
pût être de longue durée. L'âge avancé d'Olivieri,
sa faible santé, le besoin où il était d'aller encore
lui-même dans ces lointains parages, tout faisait
redouter que, lorsque le pieux fondateur viendrait à mourir, son entreprise ne tombât en
ruines. Quelques personnes lui en faisaient l'obser-
vation, mais le bon prêtre se contentait de leur
répondre : « Au nom du ciel, ne vous mettez
point en peine sur tout cela. C'est la Vierge
Immaculée qui a fondé elle-même cette œuvre,
c'est sa propriété exclusive, et, s'il lui plaît de la
perpétuer et de l'étendre encore, croyez-vous
qu'elle manque jamais de moyens opportuns? »
Et telle était la réponse que faisait le saint
vieillard à quiconque se montrait soucieux de
l'avenir. Rempli de cette confiance filiale, qui ne
lui a jamais fait défaut, il continuait, sans préoc-
cupation aucune, à accomplir sa laborieuse

mission avec le zèle le plus ardent. Mais la divine
Patronne de l'œuvre veillait sur ses destinées
du haut du ciel, et. pour récompenser Olivieri
de la confiance sans bornes qu'il avait toujours
eue en sa protection, elle daigna pourvoir en
même temps à la perpétuité et à l'accroissement
d'une entreprise qui était la vie, on peut bien le
dire, de son fidèle serviteur (1).

(1) Nous avons dit dans la Préface que cette œuvre a
été confiée, dès 1853, aux religieux Trinitaires par
S. S. Pie IX; les circonstances fâcheuses qui les ont
empêchés d'y donner leurs soins; et comment nos sujets
français vont, enfin, accomplir les vœux d'Olivieri et les
espérances de ses bienfaiteurs en unissant leus efforts à
ceux de M. l'abbé Comboni et de ses missionnaires en
Afrique.

LES FLEURS DU DÉSERT

ou

VIES ADMIRABLES DE TROIS JEUNES ÉTHIOPIENNES.

ZAHARA, JEUNE NÉGRESSE

APPELÉE CAMILLE, APRÈS SON BAPTÊME.

—

L'œuvre des jeunes négresses a rencontré bien des cœurs disposés à l'accueillir avec zèle. Nous croyons leur devoir, comme récompense et comme encouragement, les détails que nous possédons sur l'une de ces intéressantes captives qui, transportée des plages brûlantes de l'Afrique aux rivages hospitaliers de l'Europe, est morte parmi nous, après y avoir vécu deux ans et demi. Elle était à peine âgée de seize ans. Cette existence si tôt finie a laissé de trop précieux souvenirs, et le parfum de ses vertus a trop douce-ment embaumé la sainte maison qui lui a servi d'asile, pour que nous ne lui donnions pas quelques instants d'attention.

Camille est le nom chrétien de notre jeune Éthiopienne, Zahara celui qu'elle reçut à sa naissance et qu'elle porta jusqu'à son baptème. Les lignes qui guideront notre plume dans le tableau que nous allons tracer de sa courte vie ont été écrites, lisons-nous, « sur la tombe encore fraîchement couverte des fleurs au milieu desquelles repose cette autre fleur du désert, qui vécut pour le ciel et mourut ignorée de la terre. » C'est à l'obéissance qu'elles sont dues. C'est le sentiment de l'amitié la plus touchante qui les a inspirées. C'est le ciel pur de l'Italie qui les colore. Elles passeront donc, à ces titres, sous nos yeux, le plus souvent que le permettra la forme de ce rapide récit.

Zahara appartenait, disait-elle, quand on la questionnait sur sa première enfance, et sur son pays, à une mère qui avait beaucoup d'esclaves. Ces esclaves étaient noires comme elle, et leur occupation était de la servir et de chasser les mouches qui, sous les ardeurs du soleil d'Éthiopie, sont, comme on peut facilement le concevoir, d'insupportables ennemies. La mère de Zahara avait une grande et bien belle maison. Elle aima tendrement sa petite fille et lui donna constamment des marques de cette tendresse jusqu'à l'âge de quatorze ans, qu'elle fut réduite à la pleurer.

A cet âge, Zahara fut volée. Pauvre mère!
Nous n'ajouterons pas: pauvre enfant! car, qui
douterait aujourd'hui que son bon ange n'ait fa-
vorisé l'audace du perfide ravisseur, celui-ci étant
un de ces hommes avides et méchants qui
volent les petites négresses pour les vendre. La
petite Zahara fut donc vendue. Elle échut en
partage à un maître noir, mais, cet homme
avait une femme que Dieu, pour Zahara, avait
faite bien bonne, et à qui il avait donné, pour
elle aussi, des entrailles de mère. L'innocente
créature en avait besoin, sa santé était délicate;
elle reçut de sa mère adoptive tous les soins
que réclamait sa frêle constitution.

« Dans ce pays d'Afrique, dit la pieuse amie de
Camille, on se marie à peine sorti de l'enfance.
On voulut donc marier Zahara, mais cette jeune
enfant refusa et se raidit contre toutes les instances qu'on pût lui faire; c'est qu'elle sentait
en son cœur l'espérance d'un bonheur encore
inconnu pour elle et le besoin d'aimer un Être
supérieur, qui la remplit tout entière. On fit
mille instances, mais elles échouèrent toutes. »
Martyre de la virginité, au sein des ténèbres de
l'idolâtrie, la jeune enfant ne fut plus dès lors
considérée que comme une esclave; mais, faible
et délicate, que pouvait-elle faire? Son bon ange
lui fit donner l'innocente occupation de chasser
les oiseaux, en frappant dans ses mains, quand
elle les voyait venir pour manger les fruits des

beaux arbres d'Afrique. Encore était-ce trop pour les forces de Zahara, et, plusieurs fois, on la trouva étendue sans connaissance au pied de l'arbre qu'elle devait protéger.

Il paraît que les instances faites à Zahara, pour qu'elle consentît à se marier, se renouvelaient toujours; mais, son refus étant le même, ses maîtres, devenus cruels à son égard, se résolurent à la vendre, voulant, disaient-ils, qu'elle fût malheureuse. Cependant, le moment marqué par Dieu, qui voulait, lui, qu'elle fût heureuse, approchait pour la jeune esclave. « Comme la fleur attend la lumière pour montrer ses couleurs, ainsi Zahara cachait dans la nuit du paganisme des vertus qu'elle ne soupçonnait point encore elle-même ; le parfum en devait venir jusqu'à nous. » Mais il fallait que la lumière de l'Evangile pût féconder la tige qui les portait. Il fallait qu'elle fût transportée, cette tige précieuse, sur un sol exposé à l'action bienfaisante du soleil de justice.

Du fond des déserts de l'Afrique, on traîna donc à Alexandrie la douce et intéressante captive. Elle y vint enchaînée. A cette chaîne était également liée une autre jeune fille noire, nommée Halima. Celle-ci était vendue par son oncle, homme barbare, qui vendit aussi la mère pour n'avoir plus la charge de la nourrir. « Ces deux infortunées jeunes filles, amenées par la main cruelle du féroce musulman, étaient en

même temps conduites par la bonté paternelle de
Dieu, entre les mains de Marie, qui voulait une
Camille et une Joséphine. Arrivées sur la place
du marché d'Alexandrie, elles y furent comme
l'agneau qui attend son sort en silence. Elles se
virent avec joie vendues au même patron. A ce
premier moment de bonheur, Zahara répandit
quelques larmes de douce sympathie avec sa
compagne Halima. Toutes deux se demandaient :
« Où allons-nous être menées? Quelle vie sera la
« nôtre ? »

La barque de Pierre les attendait, l'œil de
Dieu veillait sur elles. Oh ! Marie, ce fut votre
douce étoile qui, dirigeant le navire, les conduisit jusqu'à Gênes. Avec combien de bénédictions et d'actions de grâces n'y furent-elles pas
reçues! Le bon abbé Olivieri avait chargé quelqu'un de lui acheter deux jeunes esclaves, qu'il
voulait avoir la consolation d'envoyer au ciel.
Zahara et Halima ne tardèrent donc pas de passer entre ses mains. C'est assez dire qu'elles
n'eurent plus d'autre maître que Dieu; la maison de leur bienfaiteur devint leur asile; sa sœur
fut leur mère et se chargea de leur donner, en
italien, les premières leçons de notre sainte religion.

Bientôt, les yeux de nos deux petites Ethiopiennes s'ouvrirent à la clarté du divin Soleil des
chrétiens. Elles ne demandèrent plus que le
baptême ; elles commençaient à entrevoir la

lumière après laquelle elles *soupiraient* depuis si longtemps, sans la connaître. Dans l'étude des éléments du christianisme, Zahara semblait avoir la clarté et la rapidité de l'intuition ; avant d'être expliqué, tout était saisi, compris, développé par elle. Halima, plus jeune d'un an que sa compagne, saisissait, par la foi, ce que désirait son cœur ; mais sa mémoire était plus faible et son intelligence moins pénétrante.

Le jour du baptême fut enfin fixé. On choisit à nos deux jeunes catéchumènes un parrain et une marraine, et le saint prêtre, en versant sur leur tête l'eau qui les faisait chrétiennes, put s'abreuver de ce torrent de délices qui inonde le cœur de l'ange au moment où il ouvre aux élus la porte du ciel. Durant cette auguste cérémonie, Zahara succombait sous le poids de son bonheur. Elle offrit à Dieu ce cœur qui aspira toujours vers lui, sans pouvoir le distinguer encore, et cette intelligence, qui chercha constamment la vérité, pour laquelle elle se connaissait faite ; son corps devint, dans sa pensée, un holocauste vivant, en l'honneur de celui qui l'avait choisie comme son épouse. Le nom de Marie, sa mère, lui fut donné, et, en même temps, le nom de Camille ; et tant de grâces à la fois, reçues avec l'innocence baptismale, furent mises à couvert sous le scapulaire de la Reine du ciel. Halima ne pouvait, elle aussi, contenir ses transports de joie. Elle fut nommée Marie-Joséphine.

Brûlantes de foi et d'amour, elles furent admises à faire leur première communion. A partir de ce jour, au fond du cœur de Camille se gravèrent ces mots, qui sont le fidèle abrégé de ses pensées et de ses vœux : *Victime du Sacré-Cœur de Jésus.* Ces chères enfants furent toutes les deux placées comme pensionnaires, dans une maison de religieuses, tout près de leur libérateur, qui les visitait souvent. Peu de temps après, elles entrèrent au monastère des dames du Bon-Pasteur de Gênes, et on ne tarda pas à les envoyer à Angers, en compagnie de plusieurs postulantes. Déjà la pieuse mère générale de cette congrégation, avait entrevu, avec les yeux illuminés du cœur, le jour où sa famille religieuse serait appelée à recueillir spécialement les jeunes négresses arrachées à l'esclavage.

Le jour de la réception de ces premières bienheureuses fut, pour la communauté toute entière, un jour de joie. « Dieu qui voit les cœurs permit, malgré mon indignité et mon ignominie, que je fusse chargée de ces deux colombes, pour leur apprendre à lire et les instruire en italien, seule langue qu'elles parlassent alors. Ce fut à cette douce tâche, que je dus de les bien connaître, et de pouvoir admirer en elles une pureté et une innocence poussées jusqu'à l'héroïsme.

Toujours elles s'aimèrent entre elles comme

4

deux sœurs, se laissant placer et déplacer sans jamais se plaindre.

« Camille, *si noble dans son silence*, donnait en tout à sa compagne un exemple qu'elle l'invitait tacitement à suivre. Joséphine n'était pas moins bonne de caractère, mais cette science infuse qui apprenait tout à Camille, sans qu'elle eût besoin de l'étudier, ne se faisait pas remarquer également chez elle. Non, je ne suis pas digne de dépeindre une innocente créature, qui toujours fut pour moi un modèle, dont j'étais confondue. C'était un ange qui m'éclairait ; une vive image de la sublimité de notre âme brillait sur son front toujours si pur. Le regard qu'elle jeta constamment, depuis son baptême, vers le Dieu que demandait son cœur avant de le connaître, n'exprima plus, dès lors, que foi, espérance et amour ; les larmes d'attendrissement, qui coulaient de ses yeux, étaient parfois brûlantes.

« Son âme se peignait sur ces traits ; la souffrance seule put en altérer l'angélique empreinte ; son sourire exprimait sa pensée toujours innocente. La paix ne quitta jamais son cœur ; il était résigné continuellement à toute épreuve. Ferme dans l'adversité, aussi bien que sensible et tendre dans sa reconnaissance, elle reportait tout à Dieu et appelait, par sa foi vive, mille bénédictions sur ceux qui lui faisaient du bien. A la vivacité de son esprit était uni un jugement solide et bon. Ses réflexions nous éton-

naient quelquefois ; elles nous instruisaient toujours. Sa douceur était telle, qu'à l'exemple de
notre Seigneur Jésus-Christ, dont elle ne pouvait
se lasser de méditer la Passion, elle souffrit toujours et mourut sans se plaindre. »

A ce premier souvenir, qui lui rappelle la
mort de Camille, son amie, devançant le récit
qu'elle va faire plus loin, jette en passant cette
image qu'envierait plus d'un poëte : « Telle une
tige transplantée sur un sol étranger, n'y trouvant plus sa vie, se penche et meurt ! Il y a peu
de statues de Marie qui ne portent ici un témoignage de l'hommage de son cœur. De ses mains
mourantes, elle formait des colliers à sa tendre
mère. Laborieuse et infatigable, elle demandait
de l'ouvrage jusque sur son lit de mort ; et tout
ouvrage sorti de ses mains était parfait, au
dire de la maîtresse chargée de l'apprécier.
Notre climat, si différent de celui qui la vit
naître, ne put convenir à cette fleur. Toujours
parmi nous elle fut malade. » Cette continuité
de souffrances chez la jeune et intéressante Camille, nécessitait des soins assidus. Ils lui furent
prodigués avec une rare bonté par le digne médecin qui avait reçu la douce et à la fois pénible
tâche de prolonger ses jours languissants. Camille ne savait comment lui en témoigner sa
vive reconnaissance : de ses doigts, elle façonna
quelques petits ouvrages, et, avec cette noble et
naïve simplicité qui la caractérisait, elle voulut

les lui offrir en échange de sa sollicitude pour
elle.

Le retour momentané de ses forces lui ayant
permis d'être transportée dans la maison de celui qui la visitait si fidèlement, elle put y déposer
elle-même ces précieux souvenirs. Cette respec-
table famille se fera toujours gloire d'avoir pos-
sédé quelques instants au milieu d'elle, notre
petit ange « semblable à la douce Ourika que
chanta si bien Madame la duchesse de Duras ;
Ourika qui, comme la fleur, vécut et mourut
dans l'espace d'un matin, après avoir charmé la
noble famille des princes de Beauveau, par sa
candeur, sa reconnaissance et sa patience angélique, dans des souffrances pareilles à celles de
Camille. »

Notre chère Camille avait reçu le sacrement
de confirmation de la main de Mgr l'évêque de
Nantes, qui avait pu lui adresser une fort touchante instruction dans la langue italienne,
la première qui l'eût initiée aux mystères de notre sainte religion. Le bonheur qu'elle éprouva,
dans cette circonstance, fut tellement saisissant
pour elle, que, tout le jour, elle fut attendrie
jusqu'aux larmes. « Comment reconnaître, disait-elle, tout ce que mon Dieu a fait pour moi,
depuis le beau jour de mon baptême ! non, mon
cœur ne suffit pas. »

Camille communiait fréquemment, et ce cœur,
trop étroit pour les grâces qui l'inondaient alors,

s'agrandissait sous l'action puissante de ce feu divin qui se communique à l'âme fidèle par la participation au sacrement auguste de nos autels. « Je la considérais, ajoute la pieuse maîtresse, comme un astre dont j'enviais la céleste beauté. Le jour, où sa lumière devait s'éteindre, elle voulut que j'écrivisse sa confession, craignant de ne la pouvoir, en ce moment, assez bien exprimer elle-même.

« Jamais, oh ! non jamais ! je n'oublierai les larmes qui inondaient ses joues, ni ce cœur si pur et si contrit, ses aspirations vers Dieu, son obéissance, son désir du ciel, la paix, le calme parfait où il me semble que je la vois encore ! Je le répète, c'était un ange, qui me confondait. Il était midi, alors. Elle se confessa vers quatre heures et demie, et, sans effort, elle rendit sa belle âme à celui qui pouvait seul couronner tant de vertus. »

Le jour de la mort de Camille était un samedi, jour consacré à Marie, dont Camille avait toujours été la fille bien aimée. Elle lui appartenait à toute sorte de titres. Revêtue, dès son baptême, du scapulaire, elle était de plus entrée dans l'archiconfrérie érigée en l'honneur de ce cœur charitable qui sauve les pécheurs, et rachète de l'esclavage les petites négresses.

Fidèles à la loi, que nous nous sommes prescrite, nous ne voulons point priver nos lecteurs des dernières lignes qui sont sous nos yeux;

4.

nous les transcrivons sans commentaire, et nous les livrons à la foi simple des cœurs pieux, que ces traits, recueillis au hasard dans la vie de Camille, auraient pu émouvoir.

« Le lendemain, dimanche, une personne de grande vertu, qui avait promis à Camille d'entendre la grand'messe à son intention, l'aperçut, après l'élevation, dans un état radieux, planant dans l'air, et l'expression du bonheur et de la joie peinte sur tous ses traits. Elle montrait la communauté toute entière à quelqu'un qu'on ne voyait pas, et à qui elle semblait demander que la porte du ciel lui fût ouverte.

Le même jour, on recommanda à Camille une affaire importante qui, depuis longtemps, était une source de croix pour la maison. A l'instant même, elle fut arrangée. Les couronnes, les roses de son dernier printemps ont paré sa tête et recouvert son corps. Elle n'est plus au milieu de nous, mais son souvenir, comme l'ombre, me suivra partout, et me sanctifiera, je l'espère... Comment, pécheresse que je suis ! pourrais-je oublier tant de vertus ? Elle m'en parera elle-même, cette ange si chérie ! car, là haut, elle sait combien je l'ai aimée. Aussi bien, déjà ici-bas, elle devinait les peines de mon cœur et ma souffrance..! »

AMNA, JEUNE NÉGRESSE

DÉCÉDÉE CHEZ LES DAMES DE LA VISITATION (1),

à Pignerol (États-Sardes). Avril 1851.

—

I

Son entrée au monastère.

Dans la soirée du 11 septembre 1853, jour de
la fête du saint nom de Marie, pendant que nous
étions toutes en récréation, nous entendîmes ré-
sonner la sonnette de la tourière d'une manière
tout à fait inusitée : tout le monde fut à l'instant
sur pied, et chacun disait, en tressaillant de joie :
« Dieu soit loué ! voici enfin le bon abbé Olivieri,
si ardemment désiré ! Le voici avec deux jeunes
filles maures ! cette fois-ci, nous ne nous trom-
pons pas !... » Je courus d'un bond à la porte, et
notre désir fut heureusement satisfait. J'ouvris

(1) Ce récit a été composé en italien par la digne
supérieure du couvent de la Visitation.

la grille de clôture à deux battants, et encore plus mon cœur.

Après avoir accueilli, avec des transports affectueux, les deux négresses, je les accompagnai à l'endroit où avait lieu la récréation. Je ne saurais dépeindre la joie de nos sœurs, les témoignages de touchant intérêt qu'elles leur donnèrent, les caresses dont elles les comblèrent. Elles étaient toutes empressées à servir, à soulager ces pauvres créatures, trempées jusqu'aux os de la tête aux pieds, transies de froid, faisant pitié, à cause du vent impétueux qui soufflait et de la pluie qui tombait à verse.

Celle dont j'entreprends l'histoire s'appelait Amna, et était âgée d'environ sept ans quand elle nous arriva. Je passe sous silence les noms de ses parents et de son pays, parce qu'ils nous sont à peu près inconnus. Elle nous a pourtant dit, à ce sujet, quelque chose que nous rapporterons en son lieu.

Notre petite Amna avait le caractère capricieux et altier; mais, comme elle avait beaucoup d'esprit naturel, qu'elle était même assez réfléchie, ses discours étaient persuasifs, et elle mettait la meilleure grâce possible dans les moyens qu'elle employait pour induire les autres à faire sa volonté; son plus grand sacrifice fut toujours de se vaincre à ce sujet, mais, avec la grâce de Dieu, elle remporta souvent de nobles victoires. Elle concevait des desseins magnanimes; son main-

tien était noble et grave, et elle avait tant d'ordre
et tant de propreté dans sa tenue, qu'on ne pouvait s'empêcher de croire qu'elle sortait d'un
sang royal.

Dans les premiers temps de son entrée au
monastère, elle n'était pas encore en état de
s'expliquer; elle trouvait pourtant le moyen de
se faire entendre, soit par des signes, soit en
montrant divers objets. Elle servait d'interprète
à sa compagne, sur laquelle elle conserva toujours un grand ascendant, bien que cette dernière fût beaucoup plus âgée qu'elle. La pauvre
enfant ne jouit jamais d'une bonne santé. Elle
fut, au contraire, toujours souffrante, ce qui
l'empêcha de s'adonner à l'étude, pour laquelle
elle avait d'heureuses dispositions. Elle se livra
pourtant à celle du catéchisme avec beaucoup
d'application et d'ardeur.

Elle ne se lassait jamais d'entendre expliquer
les maximes de notre sainte religion, disant à sa
maîtresse : « *Explique, explique encore, j'aime à
apprendre vite, pour recevoir saint baptême. Si
ne sais point catéchisme, évêque point donner
baptême.* » Quelquefois elle disait en souriant :
« *Sœurs heureuses, vous avoir Jésus dans le cœur,
mais moi pas l'avoir; vous enfants de Dieu, moi
non.* » Elle parlait alors avec tant de sentiment,
que ses larmes faisaient même couler celles de
tous ceux qui l'entendaient.

Parmi les infirmités qui la tourmentaient, elle

était en proie à une toux, si terrible de temps en temps, qu'elle semblait devoir la suffoquer; un soir même, je crus la voir toucher à sa dernière heure, parce que la toux fut suivie de convulsions affreuses, au milieu desquelles la pauvre infortunée s'était accroupie comme un peloton. En la voyant dans cette triste situation, je craignis qu'elle ne rendît l'âme, et j'allais me disposer à lui administrer l'eau sainte du baptême. J'étais seule en ce moment, et de pénibles angoisses déchiraient mon cœur. J'avais envoyé la sœur qui m'accompagnait chez la tourière, pour qu'elle fît appeler sur-le-champ le médecin et le confesseur, mais il était nuit, et on ne pouvait aller bien vite.

En attendant, je soutenais l'aimable enfant entre mes bras, afin de faciliter sa respiration, et, cependant, je la voyais sur le point d'expirer sous mes yeux. Je voulais verser sur elle l'eau sainte, mais, par malheur, il n'y en avait pas une seule goutte là tout près. Fallait-il l'abandonner pour aller en chercher? Je frissonnais à l'idée de la trouver morte à mon retour. Devais-je la laisser expirer sans baptême? O mon Dieu! quel déchirement de cœur! Sous le poids de cette angoisse, je tournai mes regards vers une image de la très-sainte Vierge, qui était suspendue au chevet du lit, et je lui dis, avec l'accent de la plus vive douleur, et de cette foi que l'épreuve rend plus forte : *« O divine Marie! souviens-toi que tu es la*

mère de cette chère petite créature; tu dois la sau-
ver, je te la recommande, c'est à toi que je la
confie entièrement! »

A peine avais-je prononcé ces mots, que la
petite malade s'étendit doucement sur le lit,
croisa ses mains comme quelqu'un qui veut se
livrer à un paisible repos, et s'endormit tranquillement. Tout danger était passé; ni le médecin
ni le confesseur n'étaient plus nécessaires. On
peut facilement se rendre compte de ma joie,
après la crise où je m'étais trouvée ; je m'em-
pressai de tomber à genoux pour rendre des
actions de grâces à Dieu, ainsi qu'à ma puissante
et chère libératrice.

Amna se rétablit un peu ; cependant, elle fut
obligée de garder souvent le lit, pour bien
d'autres pénibles incommodités qu'elle endurait,
souffrant avec beaucoup de courage et de patience, sans jamais se plaindre. Je lui disais parfois, en la voyant souffrir ainsi : « *Comment
feras-tu, ma pauvre enfant, pour rester debout
le jour de ton baptême?* Elle me répondait aussitôt : « *Sois tranquille, maman* (c'est le nom
qu'elle me donnait), *Jésus-Christ m'aidera ce
jour-là et me donnera de la force, crois-le,
maman.* » Sa confiance ne fut point trompée.

Nous avons dit qu'elle était un peu capricieuse;
il est à propos de raconter ici quelques traits à ce
sujet. Je voulais, le premier matin de son séjour
au milieu de nous, lui mettre un petit tablier

qu'elle ne trouvait pas adapté à ses idées de grandeur. Elle le repoussait d'un petit air dédaigneux, en disant : *Mafis, mafis,* qui veut dire *non, non.* Elle se le laissa pourtant mettre, quand je lui eus fait comprendre que, si elle persistait, elle serait privée du déjeuner. La même chose eut lieu pour une robe qui n'était pas à son gré, car elle se cacha sous une petite table, continuant sérieusement son travail, et cherchant à en imposer aux personnes qui l'entouraient, afin qu'aucune d'elles n'osât l'approcher; mais je la faisais toujours plier avec un peu de fermeté, en usant à son égard de bonnes manières. Je voulais, à tout prix, l'accoutumer à obéir et à rompre cette volonté qui se montrait trop tenace. Obstinée, une fois, à ne vouloir point se coucher, elle se planta dans un coin de la salle, ce qui obligea de la prendre entre les bras pour la mettre au lit.

Le bruit de la crécelle du vendredi l'éveilla, un soir qu'elle s'était doucement endormie; elle eut tant de peur qu'elle s'enfuit du dortoir, en chemise, courant et criant à tue-tête, sans savoir où elle allait, car elle ne connaissait point encore les détours de la maison. Une sœur, qui la rencontra, la prit dans ses bras et la reporta dans son lit; mais son petit cœur battait si fort, qu'il fallut longtemps rester à ses côtés pour la rassurer.

Elle répétait à chaque instant : *cr, cr, cr,* ce qui

fit comprendre que c'était le bruit de la crécelle qui l'avait épouvantée.

Il fut indispensable d'ôter de sa chambre quelques tableaux qui l'ornaient, parce qu'elle croyait que c'étaient des personnes qui viendraient l'enlever pendant la nuit. Ces pauvres enfants avaient souffert de si mauvais traitements, et avaient été vendues et revendues d'une façon si barbare, qu'elles vivaient dans un état continuel de frayeur. Quand on les accompagnait au parloir, elles croyaient y aller pour être marchandées de nouveau, aussi tâchaient-elles de fuir par tous les moyens possibles.

La petite Amna observa un peu Monseigneur notre Evêque, la première fois qu'il vint pour les voir : *basta, basta* (assez, assez), dit-elle aussitôt, et elle aurait fermé la grille, si je ne l'avais retenue. Apercevant ensuite, suspendue au mur, une jolie gravure, qui représentait la sainte Vierge, les mains jointes pour prier, elle prit la même position, ce qui la rendait vraiment semblable à un petit ange. On lui mit ensuite un crucifix entre les mains, et il est plus facile d'imaginer que de décrire les baisers qu'elle lui prodiguait, tellement elle paraissait hors d'elle-même.

Les quelques mots qu'elle avait pu comprendre des souffrances que Jésus-Christ a endurées par tendresse pour nous, avaient suffi pour remplir son âme d'ineffables sentiments de gratitude,

et pour embraser son cœur des flammes de l'a-
mour divin. Tout cela faisait connaître combien
elle était propre à recevoir les impressions de la
grâce, et à les faire fructifier dignement.

A ces qualités de l'âme, elle unissait une sa-
gacité extraordinaire d'intelligence, qui faci-
litait singulièrement les moyens de l'instruire.
Elle apprit bientôt notre langue, et sut en peu
de temps lire et écrire. Elle se sentait ennuyée et
dégoûtée de l'étude à cause de ses indisposi-
tions ; néanmoins elle se faisait violence pour
apprendre, dans le désir ardent qu'elle avait de
recevoir le baptême. Toutes les fois qu'elle voyait
notre Evêque, elle le priait de le lui conférer,
ôtait sa coiffe, puis lui disait, en présentant sa
petite tête : « *Lave, lave, cher évêque, fais âme
belle.* » D'autres fois, elle saisissait les mains du
prélat, et les plaçant sur sa tête, elle répétait :
« *Cher évêque, mets de l'eau, j'ai âme noire,
âme sale, fais vite ; ouvre-moi le Paradis, fais-
moi enfant de Dieu.* »

Dans un âge si tendre, elle montrait un grand
penchant pour la modestie ; toujours propre et
bien arrangée, elle n'aurait souffert ni malpro-
preté ni taches sur sa personne ; bien qu'elle
aimât fort les caresses, il fallait presque ne pas
la toucher, car elle disait à l'instant : « *Doucement, doucement, prends garde à ce que tu fais ;
tu gâtes ma collerette, tu déranges ma coiffe, je
n'aime pas à être chiffonnée.* » Si elle était cou-

chée, elle faisait tirer les draps du lit d'un côté et de l'autre, pour éviter les plis, et, à celle qui l'approchait, son premier mot était toujours : « *Prends bien garde de ne pas gâter, de ne pas salir la couverture ; je n'aime pas le linge sale.* »

Un jour qu'elle fut appelée au parloir, on lui passa, pour faire plus vite, une robe sur la sienne, mais, comme on voyait un peu celle de dessous, cela suffit pour qu'elle refusât d'y aller. Pourtant elle se soumit bientôt à mes ordres.

La première fois qu'elle eut la visite de notre médecin, au lieu de répondre à ses questions réitérées, elle tenait ses regards attachés sur moi comme pour y lire si elle devait avoir confiance en lui. Enfin elle me fit signe qu'elle voulait me dire un mot à l'oreille, et ce fut pour me demander si ce Monsieur priait Dieu (pensant, sans doute, en elle-même : « *Si cet homme prie, il est bon, je peux me fier à lui*). » Je lui répondis que oui, qu'il avait été baptisé, et qu'il priait en bon chrétien ; à ces mots, elle se tourna sur-le-champ de son côté, lui parla amicalement, lui raconta le mieux qu'elle put ce qu'elle souffrait, lui accorda son amitié, et le vit toujours d'un bon œil dans la suite.

Quand on sollicitait d'elle quelque chose qui n'était pas à son gré, elle répondait sans se déconcerter : « *No, carina, no, carina* » (Non, non, ma toute chère). Mais elle le disait avec tant de grâce, qu'elle était aimable, même dans ses refus.

A la tombée de la nuit, elle témoignait avoir peur des *gelaba*, nom que l'on donne aux ravisseurs des jeunes Maures, et n'aurait point consenti à demeurer un instant seule dans une chambre sans lumière.

Quand cette jeune enfant fut un peu civilisée, on put la conduire sans crainte aux exercices religieux; elle se rendait au réfectoire, à la réunion qui a lieu après vêpres et à la récréation, sans jamais troubler le repos religieux. Ayant aperçu une fois une de nos sœurs pratiquer un acte de mortification, elle s'imagina que c'était moi qui l'avais punie, et versa d'abondantes larmes de compassion; mais, lorsqu'elle apprit que cette sœur avait agi volontairement, et par amour pour Jésus-Christ, elle courut se précipiter dans ses bras, l'accabla de caresses, et essuya les grosses larmes qui coulaient sur ses joues.

Notre chère petite avait quelque chose d'extraordinaire en elle, puisque le pieux Olivieri, qui la connaissait déjà, me dit, en me la remettant : « C'est une âme vraiment prédestinée. Je vous la recommande avec chaleur, on m'a vivement pressé de la laisser dans tous les monastères où je passais, mais j'ai constamment répondu: cette fille est réservée au monastère de la Visitation de Pignerol. »

II

Depuis le baptême d'Amna jusqu'à sa première communion.

Tous les jours croissait davantage dans la jeune Amna, comme dans sa compagne, le désir de recevoir le baptême. Monseigneur les trouvant suffisamment instruites dans les vérités de la foi, choisit le dimanche *in albis* 1854 pour le jour de cette cérémonie, avec recommandation de faire bien comprendre aux catéchumènes le sens des paroles et des actes.

Je ne saurais décrire les saints transports de joie de ces bonnes âmes. Elles comptaient les jours, et même les heures, s'écriant de temps en temps : *Oh ! quel plaisir ! Oh ! moi si contente ! encore un peu, et puis fille de Dieu !* L'idée de cette grâce les rendait si joyeuses qu'elles en rêvaient pendant la nuit et en parlaient tout le jour, sans pouvoir s'occuper d'autre chose.

Il était, en vérité, fort édifiant de les voir si empressées de se préparer à ce grand acte religieux par des pratiques de vertu, des mortifications et des prières continuelles; lorsque la maîtresse expliquait à la petite Amna les paroles des exorcismes, la pauvre enfant avait tellement peur du démon qu'elle devenait encore plus

impatiente d'être régénérée, et il est probable
que l'esprit malin était furieux contre ces chères
négresses, et contre les personnes qui cher-
chaient à les arracher à ses griffes.

La sœur qui la soignait la prit un jour entre
ses bras pour remplir plus promptement un acte
d'observance, où elle menait l'enfant, mais, arrivée au palier d'une rampe fort longue, elle
glissa, en mettant le pied sur le premier degré,
et roula précipitamment jusqu'au fond; quelques sœurs, attirées par le fracas de la chute, et
par les cris de la petite, accoururent à l'instant
et virent ces deux pauvres créatures étendues,
demi-mortes de frayeur, sur le sol; elles n'a-
vaient pourtant reçu aucune contusion, bien
qu'elles eussent pu, sinon se tuer, au moins se
faire beaucoup de mal. Nous remerciâmes hautement la sainte Vierge de sa généreuse assistance.

En attendant, je préparais tout pour le jour
solennel, désirant avec ardeur en voir résulter la
plus grande gloire de Dieu et l'édification du
prochain. La belle journée du 23 avril arriva
enfin, et la cérémonie sainte se passa dans l'ordre
suivant: Notre église intérieure fut décorée le
mieux possible. Nous plaçâmes deux crédences,
richement garnies, dans le chœur, à côté des
gradins de l'autel; l'une était destinée aux objets
qui avaient rapport à l'administration du sacrement, tels que les saintes huiles, etc., etc.;

l'autre, aux robes blanches, aux voiles, aux cou-
rónnes, etc.; le tout rangé avec beaucoup d'ordre
et de symétrie; sur l'autel étaient déposés les ornements pontificaux blancs et violets. Un déta-
chement de soldats était de garde, pour mainte-
nir le bon ordre parmi le peuple, qui était ac-
couru en foule, poussé par une pieuse curiosité.

Vers dix heures entrait dans notre église
Mgr Renaldi, notre Pasteur bien-aimé, accompagné des chanoines de la cathédrale, et en
même temps apparaissaient à la porte de clôture
les deux Africaines, dans le costume de leur
pays, et accompagnées de deux dames respec-
tables et vertueuses, que j'avais priées d'être
marraines. Les catéchumènes avançaient d'un
pas lent et grave, les mains jointes, les yeux
baissés, avec une contenance si pieuse, que leur
seule vue faisait couler des larmes de dévotion.
Elles étaient suivies de nos trois tourières, pendant le court trajet de la porte à l'église, et s'ar-
rêtèrent au seuil du temple. Dans cet intervalle,
Monseigneur s'était avancé jusqu'à l'autel, où
on le revêtit des habits pontificaux de couleur
violette, et d'une mitre fort simple; puis venaient les chanoines, accompagnés des simples
prêtres et des jeunes abbés.

Tout étant ainsi disposé, Monseigneur, assis
sur son trône pontifical, entonna le *Deus in adju-*
torium, etc., et l'on chanta ensuite, en musique,
les psaumes qui précèdent l'administration du

baptême aux adultes. Après les avoir terminés, le vénérable prélat s'avança gravement, avec son cortége, vers la porte de l'église; là, assis sur son trône, environné de toute sa suite, et en présence d'une foule immense de peuple, qui gardait le plus religieux silence, il commença à interroger *Zemona*, la première catéchumène, à laquelle on donna les noms de *Marie-Joséphine*. Puis il s'adressa à *Amna*, et celle-ci fut appelée *Joséphine-Marie-Thérèse*. Toutes deux répondirent avec une énergie, une promptitude, qui charmèrent tous les assistants. Monseigneur, certain par les réponses de ces enfants, de la sincérité de leur foi et de leur vif désir d'être baptisées, prit la plus grande par la main, puis la seconde, les introduisit dans l'église, et les accompagna lentement jusqu'aux marches de l'autel, où elles se prosternèrent à terre, et firent leur premier acte d'adoration au seul vrai Dieu.

L'orchestre avait, pendant ce temps-là, exécuté un morceau délicieux de musique. Monseigneur monta de nouveau à l'autel, fut revêtu des ornements blancs, reçut une mitre précieuse, et prit en main la crosse pastorale pour se placer encore sur son trône. Il recommença alors ses questions, reçut, comme auparavant, les réponses respectives des négresses; après quoi, il les baptisa. Il les dépouilla ensuite des insignes de leur esclavage, les vêtit de magnifiques robes blanches, et couvrit leur tête d'un voile et d'une

couronne de roses également blanches, tou-
chants emblèmes de leur belle innocence. Cela
fait, on leur mit en main une torche allumée,
symbole de la vraie foi qu'elles avaient embras-
sée ; puis, les ayant fait reculer de trois ou quatre
pas, on les fit asseoir l'une d'un côté, l'autre de
l'autre. Monseigneur leur fit alors un discours
analogue à la circonstance, mais si touchant
qu'il fit pleurer le nombreux auditoire.

L'auguste cérémonie fut enfin close par
l'hymne d'actions de grâces, par la bénédiction
du Saint-Sacrement et par celle du digne prélat.
Monseigneur, descendu de son trône, suspendit
au cou des deux néophytes un joli crucifix en
argent, délicatement travaillé, comme signe et
sceau de l'alliance étroite qu'elles avaient con-
tractée avec Jésus-Christ, par les eaux régénéra-
trices du saint baptême. Puis, après avoir quitté
les ornements pontificaux, Sa Grandeur eut
l'extrême bonté d'accompagner ces petits anges
jusque dans le monastère, où Elle nous les remit,
en nous adressant quelques paroles attendrissantes. Nous étions plongées dans un océan de
joie. Jour sacré! jour mémorable! Jamais il ne
s'effacera de notre souvenir!...

Après avoir pris quelques instants de repos,
Monseigneur fit appeler au parloir les deux innocentes créatures, et j'observai qu'en s'entretenant avec elles, il avait de la peine à cacher ses
larmes affectueuses. Notre confesseur, qui était

5.

présent, se trouvait également fort ému de les voir régénérées, car il n'avait épargné ni soins ni sollicitudes, soit pour les instruire des vérités de la foi, soit pour rendre plus intéressante la cérémonie.

Ces charmantes enfants vinrent, dans la même matinée, demander ma bénédiction et me dirent ensuite : « Maman contente? — Que voulez-vous? » répliquai-je. « — Fais voir, » répondirent-elles, « Église belle, autel tout joli, et toutes les choses de l'Evêque belles pour le saint baptême; parce que nous alors rien regarder; penser seulement à Jésus et à bien répondre. » En effet, elles avaient été, pendant la cérémonie, qui dura bien deux heures et demie, si recueillies, si modestes, que chacun affirmait ne pas les avoir vues lever les yeux une seule fois; ce qui excita une grande admiration et édifia beaucoup, en considération de leur jeunesse, qui semblait les rendre incapables de tant de retenue.

Je reviens à mon récit. Notre chère Joséphine relevait de maladie à l'époque de son baptême, et je craignais fort qu'elle ne pût supporter la longueur de la cérémonie, mais elle m'avait assuré qu'elle en serait capable, et que Dieu viendrait à son aide. En effet, on ne s'aperçut point qu'elle souffrît pendant tout le temps de la fonction sacrée; la grâce parut, au contraire, la ranimer tellement, qu'on remarquait, dans tout son extérieur, je ne sais quoi de divin.

Ce germe précieux de piété, que le bon Dieu avait gratuitement semé dans son cœur, se développa merveilleusement après le saint baptême. Elle commença tout de suite à exprimer le désir de recevoir la confirmation ; elle disait : « Moi déjà chrétienne, mais pas du tout encore bonne chrétienne. »

Chaque fois qu'elle voyait Monseigneur, elle sollicitait cette grâce en ces mots : « Cher évêque, cher papa, donne-moi le saint chrême; » à quoi Sa Grandeur répondait : « Commence par jouir de la consolation d'avoir été baptisée, ce qui a éloigné de toi le démon. N'es-tu pas encore contente? » — « Si, cher évêque, moi toute contente, parce que n'ai plus le démon dans l'âme, mais démon tente de salir encore l'âme, et moi pas de force à combattre. » Le pasteur répliqua : « Puisqu'il en est ainsi, étudie bien le catéchisme, et je viendrai t'administrer la confirmation le jour de la Pentecôte, si tu es bien préparée. » A ces mots, transportée d'une sainte allégresse, elle faisait claquer l'une contre l'autre ses petites mains, en s'écriant : « Merci bien, merci, cher évêque tout mien, moi étudie bien et apprends vite; ange gardien m'aide. »

Elle redoubla d'attention pour se bien instruire, afin d'obtenir la faveur si désirée. Dans cet intervalle, elle fit une de ses maladies ordinaires, et, aux approches de la Pentecôte, elle se trouvait à peine en convalescence; elle ne

redoutait pourtant pas de ne point recevoir la
confirmation, et répétait : « Moi, point de
peur; Jésus aide, Jésus donne force. » Ce jour
si ardemment désiré arriva; mais elle voulut
d'abord se confesser à l'évêque, et, comme peu
de jours auparavant, Sa Grandeur les avait fait
appeler au parloir, Joséphine lui dit aussitôt :
« Cher évêque, moi pour confirmation me confesse à toi. » Le bon prélat lui répondit avec une
extrême mansuétude : « Bien volontiers.—Quand
viendras-tu ? répliqua-t-elle. — Aujourd'hui
même, avant la messe. — Merci ; moi, auparavant, me préparer bien. »

Le cher petit ange se présenta à la confirmation avec la robe blanche de son baptême, pour
laquelle elle conservait une sorte de vénération,
ne permettant à personne de la toucher, excepté
à sa Maman. Quelquefois elle la couvrait de baisers, ajoutant : « Cher évêque, m'a donné robe
blanche, touchée de ses propres mains ; Maman,
garde bien robe du saint baptême. » La vivacité
de sa foi pouvait seule lui inspirer de si pieux
sentiments.

Le tendre pasteur, qui venait souvent visiter
ses nouvelles brebis, semblait faire ses délices de
s'entretenir avec elles. Il vint une fois accompagné
d'un vénérable religieux avancé en âge, et dont
l'air était fort grave. Celui-ci remarquant les fa-
miliarités innocentes que se permettait la chère
enfant envers Monseigneur, crut y voir un

manque de respect pour Sa Grandeur, et dit d'un ton sérieux à la petite : « C'est trop, c'est trop ; assez, assez. » Celle-ci, piquée au vif de la violence que l'on voulait faire à son cœur affectueux et sincèrement reconnaissant, témoigna à ce personnage qu'elle était blessée, et, sans abandonner la main de l'évêque, qu'elle tenait étroitement, elle dit, en lançant sur le religieux un regard foudroyant : « Trop, trop ! point trop, point suffit, avec le cher évêque, qui est mon papa, qui m'a baptisée, qui a lavé l'âme, chassé le démon, ouvert le Paradis, et fait moi fille de Dieu. Pourquoi trop? pourquoi assez? » Elle continua à le caresser en répétant : « Evêque si bon ! » Lorsqu'elle revit Monseigneur, elle se hâta de lui dire : « Cher évêque, fais-moi plaisir ; ne conduis plus ici celui qui dit : trop, trop. — Et pourquoi? — Parce qu'il ne veut pas que je fasse caresse à mon papa. A moi, il ne plaît point celui-là ; moi prier pour lui, mais laisse-le à sa maison. »

Quand le prélat sortait du monastère, la pauvrette se mettait à pleurer, voulant ou qu'il restât encore ou s'en aller elle-même avec lui. Aussi se tournait-elle vers moi en disant : « Maman contente? je vais avec l'évêque ; laisse-moi aller, Maman ; l'évêque apprendra à moi à prêcher, puis moi aller enseigner, baptiser tous les gens méchants du pays des Arabes. »

III

Depuis la première communion jusqu'à la dernière maladie.

On ne saurait dire combien la grâce travaillait dans ce cœur innocent; Joséphine y correspondait si bien, qu'elle avançait admirablement dans les voies de la piété. On était enchanté de voir la dévotion et le recueillement, avec lequel elle priait. Immobile comme une statue, pendant tout le temps qu'elle passait à l'église, dont elle ne serait jamais sortie, elle disait à sa compagne quand il fallait s'en aller : « Laisse-moi encore un peu avec Jésus; j'ai tant de plaisir de rester là ! »

On comprenait que cette belle âme goûtait en paix le don de Dieu. Elle était pénétrée de plus en plus des divines clartés qui révèlent au chrétien la marche qu'il doit suivre dans la vie. Aussi joignait-elle les pratiques de la plus pure vertu à l'étude constante de notre sainte religion. Elle faisait tout ce qui était en son pouvoir pour se surmonter. Lorsqu'elle se sentait quelque répugnance, il suffisait de lui dire, sans user de la moindre violence : « Ne ferais-tu pas cela pour ton bon Jésus? » Et on la voyait se soumettre aussitôt.

Dès qu'elle se sentait un peu mieux, dans le cours de ses incessantes maladies, elle se mettait à travailler sur son lit; son ouvrage était toujours propre et bien fait. Sa manière d'agir était toujours si judicieuse que vous l'auriez prise pour une personne avancée en âge. Quelque mal qu'elle se sentît, elle ne négligea jamais de se livrer avec dévotion à ses exercices journaliers de piété; elle faisait continuellement des oraisons jaculatoires et des communions spirituelles.

Cela me rappelle que, dans les premiers temps de son séjour au monastère, voyant les religieuses aller au guichet de la communion, et, ne comprenant pas ce qu'on y allait faire, elle demanda à la maîtresse : « Pourquoi les sœurs, là, là ? » Voulant dire « que vont-elles y faire? » La maîtresse ayant répondu : « Elle vont prendre Jésus, le recevoir dans leur cœur, » l'enfant se tut ; mais, le lendemain, quand elle vit les sœurs s'y rendre de nouveau, elle se leva aussi de sa place, et, les mains jointes, elle se mit à suivre les autres. La maîtresse voulut savoir où elle allait: « Recevoir Jésus, répondit-elle. » — « Non, non, reprit-on , tu n'es pas encore baptisée, tu ne peux recevoir Jésus. » Mortifiée de cette réplique, elle dit alors : « Baiser, baiser. » Voulant exprimer par là que, si elle n'avait pas le bonheur de le recevoir, il fallait au moins le lui laisser baiser. Au refus qui lui en fut fait, il devint indispensable de joindre bien des motifs, pour la tranquilliser.

Ses discours étaient solides et pleins de bon

sens. Elle avait en horreur la légèreté, et reprenait souvent sa compagne qui, à son avis, se livrait trop à la joie et aux éclats de rire : « Que fais-tu, lui disait-elle, d'un ton fort sérieux ; que fais-tu, Marie ? Assez, assez, ne pas rire tant, ne pas tant parler, il vaut mieux parler avec Jésus, et être attentive pour apprendre le catéchisme. »

Cette belle âme, après avoir reçu les sacrements de baptême et de confirmation, se mit sur-le-champ à importuner modestement notre vénérable prélat, pour obtenir la faveur de faire sa première communion, en lui disant chaque fois qu'elle le voyait, et avec un langage touchant qui aurait ému les pierres : « Cher évêque, si tu es vraiment mon papa, si tu m'aimes, donne-moi Jésus ; je ne puis plus rester sans Jésus. » Mgr lui répondit : « Tu es déjà toute de Jésus ; que peux-tu désirer encore ? Tu dois être contente pour le moment. — Non, non, reprenait-elle, ne puis être contente jusqu'à ce que j'aie reçu Jésus dans mon cœur. » Et étendant ses petites mains, de la manière la plus suppliante, elle répétait en pleurant : « Cher évêque, fais-moi cette charité, donne-moi bientôt Jésus. » Monseigneur, tout ému et convaincu de la capacité, ainsi que du sincère désir de l'enfant, condescendit enfin à ses pressantes instances.

Après un examen scrupuleux, il fixa, pour cette action, le 23 juin de la même année 1834, fête du Sacré-Cœur de Jésus. Impossible de transcrire les

transports d'allégresse de cette âme que la grâce
céleste inondait d'une façon si merveilleuse. Tout
en remerciant Mgr de cette promesse, elle le pria
aussitôt de venir la confesser. Je crus devoir lui
dire : « Mais veux-tu donc toujours déranger Monseigneur pour venir te confesser ? — Non, Maman,
répliqua-t-elle, je me confesse pour première
communion et puis assez. Je n'appelle plus évêque, je vais m'adresser au Père confesseur. »
Elle tint parole.

Notre aimable Joséphine avait un pressenti-
ment que sa carrière devait être courte; aussi,
se hâtait-elle, en tout point, de profiter du peu
de temps qui lui restait, ne négligeant aucune
occasion d'acquérir de nouveaux mérites pour
l'éternité. Une sœur lisait un jour, à côté de son
lit, les *Annales des petites Môres*, quand, levant
les yeux et regardant Joséphine, elle vit ses joues
inondées de pleurs, elle lui dit : « Pourquoi pleu-
res-tu ? serais-tu plus mal ? — Non, répondit-elle
aussitôt, je pleure, parce que tu lis que d'autres
jeunes Môres ont fait tant de pratiques, tant de
pénitences, tant de jeûnes, et moi, pauvrette, ne
fais rien ; comment aller en Paradis ? » Il fallut
la consoler en lui faisant comprendre que le Seigneur, lui refusant la santé, n'exigeait pas d'elle
des pénitences, mais seulement qu'elle endurât
ses maux avec patience, ce qu'elle fit toujours,
d'ailleurs, car une seule fois on lui entendit
dire, dans la vivacité de ses souffrances : « Je

n'en puis plus ! » La douleur pouvait lui tirer les larmes des yeux, mais elle était impuissante à lui ôter du cœur le désir de tout endurer pour son Dieu.

Elle se plaisait fort à entendre la parole divine, et faisait de grands efforts pour assister à toutes les instructions. Une fois qu'on prêchait sur l'amour de Dieu, elle pleura depuis le commencement jusqu'à la fin du sermon, et dit ensuite, avec un accent qu'il serait impossible de décrire : « Oh! si le sermon avait duré toute la nuit! » — « Comment! lui répliqua-t-on, n'aurais-tu pas pitié du prédicateur ? » — « Il pouvait, reprit Joséphine, se reposer un peu, en attendant Père confesseur prêchait, puis quand être fatigué Père confesseur, l'autre pouvait continuer encore, car à moi il plaît tant, tant entendre parler d'amour de Dieu. »

Une autre fois, qu'on prêchait sur le Paradis, elle aperçut sa compagne qui pleurait de joie, et dit à une sœur, aussitôt qu'on fut sorti : «As-tu vu Marie pleurer au sermon ? » — « Pourquoi pleurer, dit la sœur quand on parle du Paradis? » « Oh ! tu ne sais pas, ajouta l'enfant : pas du tout pleurer de peur de perdre le Paradis, non; mais parce que cœur était bien content, et quand cœur est content, fait pleurer de consolation. »

Il arrivait souvent que, après une mauvaise nuit, elle ne se sentait pas la force de se lever le matin, mais, encouragée par la maîtresse, elle

faisait un effort, et allait faire la sainte communion. Alors le Seigneur inondait son âme de
consolations célestes, ce qui lui faisait dire ensuite : « Ce matin, démon voulait me faire perdre
la communion, moi l'avoir pas écouté, et à présent être bien, Jésus aide ; moi n'avoir pas souffert, mon cœur bondit de joie. »

Bien souvent, dans ces jours de bénédiction,
elle éprouva des transports de dévotion extraor-
dinaires, surtout quand on lui porta au lit le
saint sacrement, et on la surprit se livrant à des
entretiens embrasés d'amour avec son Dieu, la
sainte Vierge et les saints. Son unique désir était
alors de souffrir et de mourir. Cependant, elle
fut soumise à de grands sacrifices, relativement
à la communion ; elle fut obligée de s'en priver
plusieurs fois, parce qu'elle était trop souffrante.
Souvent elle disait à sa compagne : « Toi heureuse de pouvoir faire souvent la communion,
tâche d'en profiter. »

Mais voici le sacrifice que lui coûta le plus.
Ce fut au sujet d'un mensonge qu'elle avait pro-
féré. Sa digne maîtresse s'en étant aperçue, ne
voulut point la laisser s'approcher de la sainte
table, sans qu'elle fût allée l'avouer à sa Maman,
et lui demander en grâce de se confesser ; cet acte
d'humilité la contrariait beaucoup ; pourtant,
elle voulut l'exécuter. Mais la matinée suivante,
elle ne put réaliser ni l'un ni l'autre de ses désirs, c'est-à-dire, ni se confesser ni communier,

et alors sa douleur fut vraiment indicible; elle ne cessait de répéter ces mots, entrecoupés de larmes et de sanglots : « Oh ! ne pas recevoir Jésus ! quelle douleur ! » Ce fut certainement, le premier et le dernier mensonge qu'elle proféra, et il lui resta tant de délicatesse sur ce point, que bien souvent elle disait à sa maîtresse : « Je ne peux dormir, parce que moi avoir dit telle chose ; c'est peut-être un mensonge. » Elle se tranquillisait, cependant, si on lui disait que non.

La confession lui répugnait extrêmement, ce qui était une conséquence de son naturel orgueilleux. Elle se confessait néanmoins avec de vifs sentiments d'humilité et de contrition, pouvant à peine alors retenir ses larmes.

Je la vis plongée dans la tristesse, un jour de fête de la Sainte Vierge, et, présumant que cette concentration provenait de quelque contrariété, je lui dis : « Qu'as-tu, pour être de si mauvaise humeur ? Tu as pourtant participé ce matin à la sainte table. » Elle me répondit avec beaucoup de douceur : « Non, Maman, je ne suis pas de mauvaise humeur, mais j'ai là quelque chose qui me donne bien à penser ; je te le dirai, je ne peux à présent. » Dès que nous fûmes seules, elle me découvrit la pensée qui la préoccupait : « Ce matin, après la communion, Jésus m'a dit, dans le cœur : *Je veux que tu sois mon épouse;* et sa sainte mère : *Je veux que tu sois ma fille.* Je

pense toujours à ces paroles; je n'ai plus envie
de parler, plus de rire, plus de voir personne,
toujours je pense à Jésus. » Paroles qu'elle conserva soigneusement dans son cœur, et qu'elle
rappelait en toute occasion. Depuis ce jour-là, il
se fit en elle un changement notable, et on ne
pouvait douter qu'elle n'eût alors la grâce d'une
vocation religieuse, ce qu'elle n'avait point encore témoigné auparavant..

Bien que sa conduite eût été toujours sage, elle
se montrait pourtant un peu ambitieuse, mais,
après cette confidence, elle ne cherchait plus et
ne désirait plus que le voile. Aussi une sœur lui
ayant un soir reproché, en plaisantant, d'avoir
accepté quelque chose de précieux, dont on lui
avait fait cadeau, elle répondit promptement :
« Je ne suis si satisfaite de l'avoir qu'afin d'en
faire le sacrifice quand je prendrai le voile. »

Peu de jours après avoir reçu cette faveur,
notre aimable Joséphine fut accablée de plus
fortes douleurs. Sa maîtresse, craignant qu'elle
ne se remît au lit, crut devoir lui dire: « Demande à Dieu la grâce de pouvoir au moins
rester un peu levée. » Elle fit, le jour suivant, la
sainte communion, après quoi elle dit à sa maîtresse : « Ce matin, j'ai dit à Jésus que s'il voulait
me faire souffrir, patience ! mais de pouvoir au
moins rester levée, pour ne point déranger les
sœurs. » Elle fut effectivement exaucée pendant
quelque temps ; mais ses maux redoublèrent par

la suite, et elle fut obligée de garder le lit. Aux
douleurs du corps se joignirent parfois de fortes
craintes intérieures qui la tourmentaient beaucoup, et lui arrachaient ces mots : « J'ai tant peur
du démon, d'une si laide bête ! » Toutefois, quelques paroles de notre confesseur, ou de ma part,
suffisaient pour la rassurer.

La sœur infirmière, que notre jeune martyre
appelait *Gioina*, la voyant un jour plus mélancolique qu'à l'ordinaire, lui dit, par manière de
conversation : « Raconte-moi quelque chose de
ce qui t'est arrivé avant de venir ici. » La pauvre
petite poussa un profond soupir et répondit :

« J'aurais bien des choses à raconter ! mais elles
engendrent en moi une telle mélancolie, que je
ne peux y penser, et quand elles me reviennent
à l'esprit, je songe tout de suite à Jésus, et après
je suis plus contente. Pourtant, quand je m'éveille
la nuit, dans ces tristes pensées, je me mets à
pleurer. » La sœur ayant insisté dans sa demande,
Joséphine, après un moment de réflexion, reprit :
« Je te raconterai quelque chose, pourvu que tu
me promettes de n'en rien dire à personne. »

Rassurée sur le secret, elle fit le récit suivant :
« Ma mère était bien belle, mais noire. Elle avait
beaucoup de femmes pour la servir. Mon papa
était toujours bien vêtu, non comme les Turcs,
mais comme les Arabes, les jours de grandes
fêtes. J'étais leur unique enfant, et ils me laissaient jouer toute seule dans la cour, qu'une

femme venait fermer, afin que le *gelaba* (voleur)
n'entrât pas. Un jour que j'étais là, m'amusant
avec de petites pierres, j'entendis quelqu'un
marcher derrière moi, et j'aperçus un gelaba,
portant sur ses épaules un sac tout souillé de
sang, un long couteau à la main. Mon premier
mouvement fut de me lever, et de fuir en
criant, mais cet homme me prit par la main, et
me dit : Si tu cries, je te coupe la tête, et te mets
dans ce sac. Pour ne pas aller dans ce maudit
sac je retins alors mes larmes, mais le cœur me
battait si fort, que je ne pouvais presque plus
respirer, et m'ayant prise dans ses bras, il se
mit à courir. Quand nous fûmes loin de ma
maison, il me posa à terre, me tenant par la main;
il me faisait courir si vite, que je ne pouvais plus
le suivre. Impossible à moi de faire des pas plus
longs, parce que j'avais des jambes petites, toutes
petites, et des épines enfoncées dans mes pieds,
d'où ruisselait le sang. Alors, cet affreux gelaba,
voyant que je ne pouvais plus avancer, me prit
entre ses bras, et me porta chez lui. Sa femme
me trouvant si petite, me plaça sur ses genoux, se
servit d'une grosse épine pour retirer toutes les
autres, et me donna ensuite un peu de pain, que
je mangeai, tout en pensant à ma maman et à
mon papa.

« Quelques jours après, le gelaba partit de cette
maison, et m'attachant avec d'autres petites négresses, qu'il avait également volées, il nous

mit toutes sur un chameau. Nous restâmes ainsi bien longtemps dans cette position, avançant jour et nuit, et la corde qui nous tenait attachées, s'étant une fois rompue, nous tombâmes toutes par terre. Cet homme qui conduisait le chameau nous accabla de coups de pied et de poing, jusqu'à ce que nous y fûmes remontées. Nous pleurions, mais ce gelaba était si méchant, qu'il ne nous donnait rien à manger. Il y avait avec lui un autre homme, qui nous donnait parfois un peu de pain. Ce qui me faisait souffrir le plus, c'était le soleil qui me brûlait la tête, car chez moi, on me mettait toujours quelque chose pour me garantir de l'ardeur de ses rayons. Ce gelaba me vendit ensuite à un autre plus méchant que lui, qui me criblait de coups, sans rien me mettre sous la dent ; il m'envoyait garder les *bébés* (agneaux). Pendant qu'ils mangeaient j'entendais hurler les bêtes féroces, tigres, lions et autres animaux qui abondent dans ces contrées. J'étais toute tremblante de peur, et je pensais toujours que ces bêtes allaient venir me dévorer. La faim me rendait très-faible; je frissonnais de tomber vivante entre les griffes des animaux que je voyais de loin; l'une avait une queue longue, longue....... l'autre avait des mains et des bras, comme un homme, et puis moi, avec mes petites jambes, je ne pouvais seulement pas courir après les bébés qui allaient manger l'herbe d'un autre maître. Le mien, voyant que je ne revenais pas avec les agneaux, vint une fois me chercher, et me donna tant de coups de bâton, que je n'étais plus capable d'aller au pâturage; il me vendit à un autre. »

Là, Joséphine poussa un profond soupir, et, après un moment de repos, elle reprit : « Oh ! si les bêtes m'avaient mangée j'allais en enfer ! et à présent, il est vrai, je suis toujours malade, mais je suis bien servie, il ne me manque rien, et quand je mourrai, j'irai en Paradis. » Elle continua ensuite son récit.

« Ce Turc me conduisit dans sa maison. Tout était beau, bien arrangé, les murs couverts d'étoffes riches, le lit d'or. Ce Turc avait deux sœurs, et une autre Môre, plus grande que moi. Nous restions toujours ensemble avec cette dernière, accroupies par terre, dans un coin de la chambre; chaque jour on y mettait la table pour le dîner du Turc et de ses sœurs, à qui l'on servait beaucoup de bonnes choses à manger. Pendant leur repas, on nous faisait approcher de bien près, puis venait un autre Turc, tenant à la main une corde, dont l'extrémité était garnie de pointes de fer aiguës, et on nous faisait chanter : *Din, din, din, cabira allah el Sultan, cabira allah*, en l'accompagnant de battements de mains sur une chose qui ressemblait à un tambour. A peine nous trompions-nous un peu, qu'on nous accablait de coups, jusqu'à ce que nous tombassions par terre, presque mortes; on nous repoussait

6

de nouveau à coups de pied dans notre coin,
tandis que ceux qui étaient à table riaient aux
éclats; nous étions, l'une et l'autre à demi nues.
Tous les jours, quand nous voyions préparer la
table, nous commencions à pleurer.

« Quand nos maîtres étaient bien repus, ils
jetaient, dans notre coin, un peu de pain fort
dur pour notre dîner. Cependant, une des sœurs
de ce Turc me voulait du bien, elle me portait en cachette quelque chose de bon, et avait
pitié de moi, parce que j'étais la plus petite.
Quand j'eus passé quelque temps dans cet état,
le Turc, qui couchait sur un lit d'or, tandis que
j'étais étendue par terre, dans l'écurie, me dit :
« Je veux te vendre, car je ne sais que faire de toi,
tu n'es bonne à rien. »

« Au bout de quelques jours, vint Abuja (1) (Olivieri), qui m'acheta. Ma compagne se mit à pleurer en me voyant partir. Moi, j'ignore si c'est
le Turc qui n'a pas voulu la vendre, ou Abuja
qui n'a pas pu l'acheter, faute de sous, je sais
seulement qu'aussitôt qu'il m'eut achetée, Abuja
me prit dans ses bras, me fit des caresses, et me
porta sur le bâtiment où était déjà, avec d'autres petites Môres, Nina, domestique d'Abuja.
J'étais si contente d'être avec lui que, quand
il s'éloignait, je pleurais de crainte de ne pas
le revoir. J'avais une vive appréhension de

_____

(1) Terme arabe qui signifie Prêtre.

la mer, ce qu!, joint aux frayeurs, aux coups
de bâton que j'avais reçus et à la privation de
nourriture, m'occasionna une grande maladie ;
une de mes mâchoires se gonfla tellement,
qu'Abuja versait des larmes, de peur de me
voir mourir.

« Aussitôt que nous fûmes débarqués, il me
prit entre ses bras, me porta dans une maison
de religieuses, qui étaient vêtues de blanc et de
noir, et leur dit d'avoir soin de moi, de me faire
guérir. Il m'assura qu'il allait chercher d'autres
petites Môres, et qu'il ne manquerait pas de revenir. Ces religieuses me mirent au lit, me bassinè-
rent la mâchoire ainsi que l'œil, ce qui me guérit
en deux jours. Abuja vint ensuite me prendre,
me fit embarquer avec Nina sur un bâtiment,
où je trouvai d'autres négresses et Marie, ma
compagne de chez le Turc, qui me sauta au cou
en me revoyant et ne cessa de me caresser.

« Quand nous arrivâmes à Turin, Abuja demanda à Nina quelles étaient celles d'entre nous qui
vivaient en meilleure harmonie, et Nina répondit :
« Prends Amna et Lemona. » Alors, Abuja nous
ayant prises à part, sans que les autres s'en aper-
çussent, nous dit : « Je veux, dès à présent, vous
conduire chez des sœurs qui aiment beaucoup
les petites Môres, qui leur font bien des caresses,
et leur donnent de bonnes choses : elles vous en-
seigneront à connaître et aimer Jésus. Vous serez
par conséquent toujours bien ; mais souvenez-

vous d'être sages, de bien vous aimer, parce que
vous êtes destinées à vivre ensemble jusqu'à la
mort. » Il nous donna ensuite sa bénédiction,
nous embrassa toutes deux ; nous embrassâmes
à notre tour Nina, et nous montâmes en voiture
pour venir ici. »

Ainsi termina son récit notre chère Joséphine,
que j'ai voulu laisser parler dans toute sa simplicité.

On peut facilement en conclure combien
la divine Providence veillait à la garde de cette
âme si privilégiée. On espérait que sa santé se
rétablirait un peu, grâce aux bains qu'on lui
avait ordonnés, mais, bien loin de là, ses indis-
positions ne la quittèrent plus ; la toux devenait
surtout plus violente.

Elle passa ainsi un certain temps, quand, vers la
fin de l'automne de la même année 1854, il se
forma au ventre une tumeur qui la faisait extrêmement souffrir. Ne sachant ce que c'était, on
jugea à propos de consulter des médecins et des
chirurgiens qui, par une disposition sans doute
divine, ne connurent pas son mal. Supposant en
elle quelque lésion intérieure, ils lui mirent une
ceinture de fer, qui serrait tellement la pauvre
patiente, qu'elle tomba dans des convulsions in-
dicibles. La violence de la douleur lui faisait
verser des larmes ; mais il ne sortait jamais de
sa bouche une seule plainte ; au contraire, elle
offrait tout au Seigneur, toujours satisfaite de

souffrir pour son Jésus, qui avait tant souffert pour elle.

Elle disait : « Je suis si contente de souffrir pour porter la croix avec Jésus ! je souffre, mais j'aurai le joli Paradis. » Une sœur émue de pitié lui ayant dit : « Si c'était en mon pouvoir, je voudrais prendre une partie de tes maux pour te soulager, » elle répondit tout de suite : « Si tu prends une partie de mon mal, Jésus donnera aussi à toi une partie de mon Paradis. Moi, bien aise de tout souffrir, pour avoir Paradis plus beau et plus grand. »

On reconnut trop tard d'où provenait le mal, et, après plusieurs remèdes appliqués en connaissance de cause, mais sans succès, il fallut en venir à une incision. Ce ne fut pas sans peine qu'on parvint à la résoudre, car elle redoutait le fer, mais enfin, s'étant soumise par amour pour Jésus, elle supporta avec une grande patience cette opération douloureuse. Après l'incision, elle resta si faible à cause des humeurs qui sortaient de la plaie, qu'elle n'avait pas même la force de soulever sa tête du chevet sans être sur le point de s'évanouir, ce qui lui faisait grande peine. On lui dit pour la consoler que cette défaillance ne l'empêcherait pas d'aller en Paradis, attendu qu'elle était en état de grâce : « Oui, répliqua-t-elle, mais je ne pourrais recevoir les sacrements. »

Obligée de rester au lit, son plus grand sacri-

6.

fice consistait à ne pouvoir s'approcher de la
sainte table aussi souvent qu'elle le souhaitait,
désir qui provenait de sa grande confiance en
Dieu.

Souvent elle me demandait de communier, de crainte de perdre patience dans ses
maux; elle disait : « Jésus m'aide à souffrir par
amour pour lui et me donne des forces. »

A propos de sa confiance, je dois dire que, lors
des troubles politiques, nous tremblions toujours
à l'idée d'être obligées de sortir de notre chère
demeure, et l'aimable petit ange qui voyait nos
sœurs affligées, les fortifiait par ces mots : « Non,
non, nous ne sortirons pas; soyez tranquilles,
la sainte Vierge nous gardera; sœurs ont pris
petites Mères, et le Seigneur les enverrait hors
du monastère ! Non, non, Jésus dit à mon cœur
que vous ne sortirez pas. »

Une sœur, plus effrayée que les autres, lui répétait fréquemment : « Prie le Seigneur; offre
tes maux à Jésus, afin d'obtenir la grâce de rester
ici. » Elle lui répondit : « Mais sois tranquille,
te dis-je, nous ne nous en irons pas. » — « Mais
si Dieu le permettait, reprenait de nouveau la
sœur timide, il faudrait bien prendre patience et
s'en aller. » Alors, Joséphine, d'un ton sérieux et
résolu, sembla faire des reproches à la religieuse, en lui disant : « Eh bien ! garde ta peur,
moi, je garde ma confiance. » En effet, sa confiance ne fut point vaine, puisque, Dieu merci,

nous avons continué à vivre tranquilles dans la maison du Seigneur.

Elle recevait toujours, d'une manière affable, les sœurs qui allaient la visiter, et savait converser à propos. Entendant un jour toutes les cloches de la ville sonner à la fois, elle demanda quel en était le motif, et, quand on lui répondit que ces sons lugubres annonçaient la mort de notre reine, elle dit en soupirant : « Pauvre roi! il pleurera, sans doute, à présent! n'aura pas envie de dîner ; si moi j'étais morte, je serais en Paradis, bien contente, et le roi ne pleurerait pas ! »

Le bon abbé Olivieri, étant arrivé le 26 février 1855, avec un religieux Trinitaire son compagnon, et deux autres jeunes négresses que nous avions demandées, entra, avec l'autorisation de Mgr notre évêque, dans le couvent pour voir notre petite malade. A peine vit-elle son cher Abuja, qu'elle se mit à fondre en larmes de joie, et s'écria, dans un saint transport : « Oh quel plaisir ! quel plaisir ! deux petites Môres de plus pour le Paradis ! » Et sur-le-champ elle les pressa amicalement entre ses bras. Elle leur servait d'interprète, et les corrigeait s'il leur échappait quelque parole inconsidérée : « Tu ne parles pas bien, disait-elle ; l'Arabe parle ainsi, parce qu'il n'a pas le baptême, mais le chrétien, qui a Jésus dans le cœur, ne dit pas choses semblables ; vous autres, que le Seigneur a conduites ici pour en faire des chrétiennes, vous devez apprendre à

parler comme les chrétiens qui ne disent pas de
mauvais propos. »

Dès qu'elle en avait la force, elle s'asseyait sur
le lit, leur expliquait le catéchisme, leur enseignait à lire, à travailler et à faire des oraisons
jaculatoires. Elle leur inculquait surtout celle
de demander fréquemment la grâce du baptême.
Elle exigeait d'elles beaucoup de propreté et de
décence dans le maintien, et leur disait : « Dieu
nous voit ! » Sa façon d'agir était tellement insi-
nuante, qu'elle lui gagna le cœur de ces petites
créatures. Elles l'écoutaient comme un oracle.

Le printemps rétablit un peu notre petite maîtresse, mais elle ne pouvait rester levée, il fallait
la faire communier au lit. Elle était toujours
avide de cette nourriture céleste, et j'en eus une
preuve bien touchante, quand, pour seconder
ses ardents désirs et la consoler, quoiqu'elle eût
communié depuis peu, je lui fis porter de nouveau la sainte communion, le jour de saint Joseph, son protecteur. Elle en était si émue de
joie, que la veille même elle ne pouvait réprimer
les transports de son cœur, et disait à tous ceux
qu'elle apercevait : « Moi, bien contente, demain
je reçois Jésus. Oh ! quelle consolation ! » Elle
croisait les bras sur sa poitrine, comme si elle
eût dû retenir son cœur qui semblait vouloir
prendre son élan, et elle disait à la sœur qui la
gardait : « Oh ! si tu voyais mon cœur, comme
il saute ! Oh ! cette nuit je ne dors pas. Jésus,

fais vite jour, pour venir dans mon cœur. »
Elle communia le matin avec une ferveur extraordinaire, et cette journée fut pour elle une
journée du Paradis.

Il y eut un peu de diminution dans son mal,
ce qui lui faisait dire : « Jésus m'a guérie.
Je suis bien. Jésus est meilleur que les remèdes. » Bien qu'il y eût sermon dans l'après-
dinée, la sœur qui l'assistait resta pour lui tenir
compagnie, mais, ayant dû passer un instant
dans la chambre voisine, elle trouva, en reve-
nant, la malade assise sur son lit, les yeux et
les mains tournés vers le ciel, dans une posture
plutôt angélique qu'humaine. Elle se livrait à
un doux entretien avec son saint protecteur
d'une voix si forte et avec des transports si
fervents qu'elle semblait déjà voir les cieux
entr'ouverts. « O ! saint Joseph ! s'écriait-elle !
O saint Joseph ! combien tu es beau ! O Jésus,
O Marie, O Anges que vous êtes tous beaux !!!
Saint Joseph viens vite me prendre, mène-moi
au Paradis pour jouir comme toi, je ne veux plus
rester ici. Moi en paradis, en ta compagnie, là
tout bon, plus aucun mal, toujours voir Jésus;
voir Marie, voir les Anges, n'avoir plus besoin
de manger, plus dormir; toujours jouir, toujours !!! Oh ! Saint Joseph, souviens-toi qu'une
autre année le jour de ta fête, je ne veux plus
être ici, je veux célébrer la fête avec toi, en
paradis. » Elle ne se trompa pas de beaucoup,

car elle mourut l'année suivante, environ un
mois après la fête de ce saint.

IV

La dernière maladie.

Notre petite malade que Dieu avait élue,
pour unir ses souffrances à celles de Jésus cru-
cifié, supportait ses maux journaliers avec tant
de patience et de résignation affectueuse qu'elle
devenait, pour nous toutes, un sujet atten-
drissant d'édification et de confusion. Nous
étions plongées dans les sentiments d'une continuelle admiration à la vue de tant de prodiges
d'amour et de grâce de la part de Dieu, ainsi
que de fidélité et de force de la part de sa créature; et cela nous fournissait matière à des
entretiens délicieux, pendant nos récréations
ordinaires. Elle conservait dans son cœur et
nourrissait le désir de prendre le voile, et, dans
ses dévotes prières, elle ne cessait de demander à
Dieu cette grâce singulière.

Elle ne savait presque parler que de la félicité
d'une âme toute consacrée à Dieu, et, quand il
lui arrivait de voir, au parloir, des dames bien
mises elle s'écriait en sortant: « Oh! combien me
déplaisent toutes ces robes de dames. Oh! cher
voile, chère robe pauvre de Jésus. » Elle prenait,
en parlant ainsi, mon voile, ma robe, qu'elle
couvrait de baisers tendres et affectueux, puis,

elle ajoutait tout en larmes : « Maman, donne-moi vite le voile, fais-moi cette charité, supplie l'évêque, ce cher évêque te dira oui ; tant que ce n'est que moi qui le prie, il ne m'écoute pas, j'ai tant peur de mourir sans le voile ! »

Toutes les fois qu'elle voyait Monseigneur, elle l'accablait d'importunités. Elle employait les termes et les expressions les plus touchantes, pour obtenir ce voile si ardemment désiré. Le prélat lui dit, une fois qu'elle insistait plus que d'ordinaire : « Prends patience encore un peu ; tu es trop petite. » — « C'est vrai, reprit l'impatiente Joséphine, mais je meurs bientôt ; je te l'ai pourtant dit bien des fois, que je mourrai bientôt ! J'ai tant prié pour toi pendant la communion ! Jésus ne t'a-t-il pas dit dans le cœur de me donner le voile ? Maman, sœurs, père confesseur, tous contents que je prenne le voile, toi seul point content ! Eh bien ! je te dis que tu seras obligé de me le donner, plus tôt que tu ne crois. Tu verras, tu verras que Jésus me fera cette grâce. Jésus meilleur que l'évêque. »

Cette aimable petite enfant me dit un jour : « J'ai besoin de te dire une chose qui me tient au cœur, mais j'ai peur que tu ne sois pas bien contente ; si tu n'es pas contente, patience ! je ferai ce que voudra maman. » Je lui demandai : « Qu'as-tu ? serait-ce quelque chagrin, quelque peine ? » « Non, maman, je veux te prier, si cela te plaît, de me permettre un vœu à la Sainte-

Vierge, celui de porter une robe bleue pendant une année. » — « Qui t'a donc mis cette idée dans la tête?» — «Personne, personne, l'Ange Gardien me l'a dit. » — « Et pourquoi veux-tu faire ce vœu ? » repris-je de nouveau. « Afin que la Ste-Vierge m'obtienne ou de mourir cette année-ci, et d'aller en Paradis avec elle, ou de guérir un peu et de pouvoir un peu servir les sœurs ; j'aurais tant de plaisir à servir les sœurs! » Je crus bien faire de condescendre à son désir, et l'année dernière, le jour de l'Immaculée Conception, après s'être confessée et avoir communié, elle revêtit la robe du vœu, qu'elle admirait et baisait comme une précieuse relique, en répétant de temps en temps : « Chère robe de la Sainte-Vierge, moi bien contente de te porter, la Sainte-Vierge m'a obtenu la grâce de vêtir sa robe; une autre fois, elle m'obtiendra la grâce de mettre le voile; chère Sainte-Vierge! vous êtes vraiment tout à fait ma maman ! »

Cependant, ses jours s'écoulaient dans les souffrances, mais elle les supportait patiemment, et cherchait toujours l'aliment de sa dévotion, non moins tendre que solide, dans la fréquentation des sacrements. Lorsqu'elle pouvait, quoique ce fût rarement, se lever le matin pour communier au chœur, elle recommandait, la veille, de l'éveiller de bonne heure, ajoutant : « J'ai grand besoin de recevoir Jésus, pour qu'il vienne à mon aide dans mes souffrances ! »

On lui observa, un jour de fête, qu'il était
temps de se lever, pour aller à la sainte messe; à
quoi elle répondit avec son amabilité ordinaire :
« Je ne m'en sens pas la force. »

La maîtresse ayant cru voir en cela une ruse
de l'ennemi du salut, qui voulait la priver de la
communion, lui imposa de se lever par obéissance,
en lui promettant de la remettre au lit, si elle ne
pouvait rester sur pied. La pauvre petite obéit
sur-le-champ. Elle semblait d'abord se trouver
mal, et des larmes coulaient sur ses joues, bien
qu'elle s'efforçât de les réprimer, mais, après un
instant de repos et de réflexion, elle dit à la
sœur : « Oh ma chère! c'était vraiment le
démon qui ne voulait pas me laisser me lever;
je ne te dis pas un mensonge, je me sentais si
mal, si mal! à présent, c'est déjà passé : je suis
bien. »

Elle ajouta : « Oh oui, avec mon Jésus dans le
cœur, je serai bien forte. » Et c'est ce qui arrivait
effectivement ; car ordinairement, pendant ces
jours-là, elle ressentait bien moins son mal, et
goûtait, au contraire, des douceurs intérieures
qui la poussaient à s'écrier : « Oh! que je suis
contente d'avoir vaincu ! Si tu voyais mon cœur,
il bondit ! le démon pleure, mais Jésus rit. Oui,
oui, je veux toujours écouter Jésus! » La maîtresse lui ayant dit : « Prie pour moi, afin que je
puisse aussi penser plus souvent à Jésus. » —

7

« Et à quoi penses-tu, répliqua-t-elle à l'instant, si tu ne penses à Jésus. »

J'étais continuellement émerveillée de voir la grâce si forte sur un tout jeune cœur et un jugement si solide dans un âge si tendre. Elle me fournissait souvent un sujet de méditation sur la profondeur des miséricordes du Seigneur, et je m'écriais dans le sentiment de la foi la plus vive : « Oh! mon Dieu, que vous êtes sublime dans vos œuvres ! ! ! » Une de nos sœurs, entrant un jour à l'improviste dans sa cellule, la trouva les mains jointes et les yeux levés vers le ciel. « Que fais-tu? lui demanda-t-elle. » — « Je priais pour les Arabes. » Telle fut sa réponse.

Pleine de compassion pour les pauvres pécheurs, elle offrait souvent en leur faveur à Dieu ses propres souffrances, et, on l'entendit souvent aussi demander à Jésus-Christ de lui enseigner à porter la croix : « Cher Jésus, disait-elle, apprenez-moi à bien porter la croix, parce que de moi-même je ne sais rien. » S'étant éveillée, un matin, les yeux tellement enflés qu'elle ne pouvait plus les ouvrir : « Je deviendrai peut-être aveugle dit-elle, mais patience! je ne verrai plus les défauts d'autrui; j'aimerais mieux perdre la vue que la connaissance, car si je perdais la connaissance, je ne pourrais plus penser à Jésus, parler de Jésus et avec Jésus, ni recevoir les sacrements. »

Au bout de quelques jours, elle reprit un peu
ses forces et commença de nouveau à se lever
quelques instants, mais ensuite l'enflure fit de
tels progrès qu'on ne savait plus comment la
soigner ; elle était toujours fort paisible et ne
s'occupait que du Paradis. La sœur qui la soignait lui dit une fois : « Oh ! mais tu ne parles
que d'aller au Paradis ; tu y monteras quand il
plaira à Dieu. » « Oui, répondit-elle, mais quand
je dis que je veux aller au paradis, je veux dire
que j'y vais en esprit, et puis je reviens ici. »

Elle se traîna ainsi péniblement jusqu'à la
mi-carême, se faisant de grandes violences pour
rester à jeun et se lever de bonne heure, afin de
faire la communion ; mais pourtant, soit fai-
blesse, soit à cause du long séjour qu'elle avait
fait au lit ou de l'incision dont j'ai parlé, elle
était devenue, je pourrais dire difforme, et faisait
compassion, surtout à ceux qui ne la voyaient
point ordinairement. Aussi, une sœur l'obser-
vant, un jour, lui dit : « Pauvre Joséphine !
qu'est devenu ce petit corps si bien fait ? » L'enfant lui répondit sur-le-champ : « A moi peu
importe un corps tout tordu, le corps va en
terre, à moi suffit âme droite, qui va au ciel. »

Se trouvant, un autre jour, à dîner au réfectoire, elle écoutait avec beaucoup d'attention la
lecture qu'elle comprenait déjà fort bien, et la
sœur, qui était à côté d'elle, s'étant aperçue
qu'elle pleurait et ne mangeait pas, lui en de-

manda la raison : « Tu peux savoir ce que j'ai; n'entends-tu pas ce que Jésus a souffert pour moi ? » Elle disait, une autre fois, en entendant la lecture de la vie d'un saint : « Pauvre saint! il a tant fait de pénitences, et moi rien ! » Si, en lisant, on nommait à plusieurs reprises le démon ou l'enfer, elle était saisie de terreur, et l'exprimait en ces mots : « Moi n'avoir plus envie de manger, démon et enfer me font trop peur. »

Une autre fois, elle ressentit, à l'heure de complies, des douleurs si aiguës, à la tête, qu'elle craignait fort de perdre connaissance; pourtant elle revint bientôt à elle même, et alla se confesser; comme elle traversait les cloîtres, le son des cloches, qui appelait à complies, accrut tellement son mal, qu'elle fut sur le point de tomber évanouie, mais la foi qu'elle avait dans les sacrements lui fit trouver assez de forces pour continuer son chemin et arriver au confessionnal.

Là, elle dut se restaurer. Ensuite, elle me fit appeler, et comme je ne pouvais aller immédiatement, elle se mit à crier d'une voix plaintive : « Maman fais-moi ce plaisir, j'ai tant besoin de parler avec toi, maman, par charité, oh ! viens, viens ! » Sa voix était entrecoupée de sanglots. Nous conversâmes quelque temps, et presque toujours sur les fortes craintes qui la tourmentaient, au sujet de son salut éternel, ce qu'elle m'exprima d'une façon si touchante que je me mis à pleurer avec elle.

Notre entretien l'avait beaucoup tranquillisée. Elle montra à la sœur l'image de la Très-Sainte Vierge et les reliques d'un saint martyr, que je lui avais données : « Je prierai, dit-elle, l'un et l'autre, et, si c'est la volonté de Dieu, je guérirai. Je suis si contente de m'être entretenue avec Maman ! Moi, plus peur du démon, parce qu'elle m'a dit que bien sûr je vais en Paradis, et que si je souffre en patience, je ne passerai pas du tout en purgatoire, mais tout droit en paradis ; moi, avoir le cœur si content ! »

Ses douleurs se calmèrent un peu ; j'étais d'avis de lui appliquer un vésicatoire au bras ; mais la pauvre petite l'appréhendait fort, et je ne me sentais pas le courage de la tourmenter, en la voyant déjà si abattue par la maladie. L'infirmière eut recours à un expédient. Elle alla préparer le remède et les accessoires nécessaires, puis revint auprès du lit en disant : « Écoute bien : maman désire de toi un plaisir ; ne veux-tu pas le lui faire? » — « Ah ! répondit-elle aussitôt, ah ! oui, oui, oui, je comprends ; tu voudrais me mettre un vésicatoire, mais, malheureuse que je suis ! enlever ma peau, ça me fait tant de peur ! » — « C'est bon, c'est bon, reprit la sœur, n'en parlons plus. » Au bout de quelques instants de réflexion, l'infirme dit, d'un ton résolu : « Je le laisse mettre par obéissance,

Jésus lui donnèra sa bénédiction! » On le lui appliqua sur-le-champ; la nuit fut tranquille, et s'apercevant, à la pointe du jour, que l'infirmière était éveillée, elle lui dit : « Je n'ai pas fermé l'œil de toute la nuit. » — « .Le remède te faisait donc bien du mal? » — « Non, répondit-elle, ce n'est pas pour cela, mais j'étais si contente d'avoir fait obéissance! toute la nuit mon cœur a battu de consolation, et Jésus me disait qu'il était content de moi, parce que j'avais obéi. »

Le vésicatoire soulagea son mal de tête, mais l'humeur se porta au bras, et petit à petit il s'y forma, entre le pouls et le poignet, une tumeur qui lui causait des douleurs cuisantes. On essaya d'abord de lui mettre des onguents, mais ils ne servirent à rien; l'enflure augmentait à vue d'œil, et la vertueuse jeune Mère supportait ce nouveau mal avec une indicible patience. C'était surtout la nuit qu'elle souffrait davantage; la charitable infirmière lui recommandait sans cesse de l'appeler sans gêne, mais la pauvre infirme, craignant de la priver du repos nécessaire et de la faire souffrir, ne l'appelait jamais que dans le cas d'une extrême nécessité.

Lorsque sa garde-malade lui demandait : « Comment as-tu passé la nuit? » elle répondait ordinairement : « J'ai peu dormi, le bras me faisait mal; mais j'ai dit plus de cinquante fois : *Que la volonté de Dieu soit faite!* » Elle dit une

autre fois : « Cette nuit, j'ai répété bien souvent :
Tout pour vous, ô mon Dieu! » Telles étaient ses
ferventes et continuelles oraisons jaculatoires.
Lorsque la sœur devait sortir de sa chambre :
« Va, » lui disait-elle gracieusement, « va-t-en,
sois tranquille, je ne suis pas seule. Je suis avec
Jésus, avec Marie, favec mon ange gardien,
cela me suffit; donne-moi un livre. »

Elle s'éveilla un matin, remplie d'allégresse,
en disant : « Cette nuit, j'ai été longtemps en
Paradis. » — « Et qu'as-tu vu? » — « Une belle
dame, avec beaucoup d'autres, et je lui ai dit :
Sainte Vierge, je ne souffre pas autant que Jésus.
Je voudrais, comme lui, une couronne d'épines
sur la tête, des clous aux mains et aux pieds, une
lance dans le cœur; et la sainte Vierge m'a répondu : Pense à la Passion de Jésus, souffre encore un peu avec patience, et puis je viendrai te
prendre pour te conduire avec moi en Paradis. »
Elle demanda aussitôt un livre qui ne traitât que
de la Passion du Sauveur; ses désirs furent
exaucés à l'instant; mais il lui était impossible
de retenir des larmes de tendresse, pendant
qu'elle le lisait, et on l'entendait s'écrier : « Oh!
comme ce livre m'aide à bien souffrir! »

D'après ce qu'on a vu jusqu'ici, chacun peut
facilement comprendre combien cette petite
créature, bénie du ciel, savait mettre à profit les
dons de la grâce que le bon Dieu répandait dans
son cœur innocent, et il convient de noter que

tous ces élans affectueux ne lui furent jamais
inspirés par personne ; au contraire, on lui disait fréquemment que la vraie sainteté et la dévotion ne consistent pas dans de belles expressions, dans des larmes de tendresse, mais bien
dans la résolution de souffrir volontiers pour
l'amour de Dieu et de faire toujours sa volonté,
en renonçant continuellement à la nôtre, à
l'exemple de Jésus-Christ. Comme on lui répétait un jour ces pensées avec trop d'insistance,
elle en parut contrariée, et dit tout doucement,
après un moment de silence : « Mais, moi aussi,
j'ai une grande envie de souffrir, et si Dieu m'envoie plus de mal, je serai alors plus contente. Moi
aussi j'ai promis à Jésus de ne plus faire ma volonté. »

Elle se tourna un jour vers la sœur qui l'assistait de jour et de nuit, et lui dit, presque en
pleurs, sans que personne le lui eût suggéré :
« Pardonne-moi, ma chérie, je te cause tant de
déplaisir ! Je ne fais jamais sur-le-champ ta volonté. Je te donne tant de tracas, je ne te laisse
jamais dormir, je te lasse ; tu montes tant d'escaliers ! tu restes continuellement sur pied, et tout
cela pour moi ! » A quoi la sœur répondit :
« Sois tranquille, car je t'aime bien, et je te sers
bien volontiers. » Et quand cette même sœur lui
demandait : « Veux-tu ceci ou cela ? » Joséphine
répondait : « Dis-moi toi-même ce que je dois
faire, car si c'est moi qui le dis, je fais ma vo-

lonté. » Elle se fit violence pour se vaincre à cet égard, et y réussit à merveille ; chaque jour, elle remportait de nouvelles victoires.

Si, parfois, la souffrance lui faisait sentir trop vivement ses aiguillons, et qu'elle ne pût étouffer à l'instant le cri de la douleur, elle réparait bientôt ces fautes involontaires par de nombreux actes d'humilité et de repentir, s'en confessait et pleurait tellement, de peur d'avoir déplu à Jésus-Christ, qu'il fallait la consoler et l'encourager. On peut, d'après cela, présumer que ces légères taches ont été suffisamment expiées, et n'ont pas retardé son entrée dans les tabernacles éternels.

Son mal au bras, qui augmentait toujours, la faisait horriblement souffrir, l'empêchait de se livrer au repos, de prendre sa nourriture et lui interdisait encore le moindre travail, ce qui engendrait chez elle la mélancolie, car elle était, de sa nature, extrêmement laborieuse.

On lui appliqua toute sorte d'exutoires, dans l'espoir de la soulager, mais ce fut peine perdue; il fallut en venir à une seconde incision. La pauvre martyre se mit à pleurer à la vue du chirurgien, mais, après qu'on lui eût adressé quelques paroles pour lui faire comprendre l'opportunité de son sacrifice, elle se soumit à cette opération douloureuse, sans pousser un soupir, sans proférer un seul mot, sans vouloir même qu'on lui tînt le bras.

7.

Pour surcroît de maux, elle fut assaillie d'une toux violente, bien différente de celle qu'elle avait toujours eue. Elle la tourmentait surtout vers les huit heures du soir, et durait pendant une heure sans interruption. Cette toux la saisit, une fois, plus tôt que d'habitude, mais elle fut accompagnée de tant de convulsions et d'efforts, pendant quatre heures consécutives, qu'on craignait à chaque instant de la voir suffoquée. A peine était-il possible, pendant le répit d'un accès de toux à l'autre, de lui faire avaler par force quelque chose, dans l'espoir de la calmer un peu ; tout devint inutile, elle continua à tousser, et on l'entendait de bien loin.

Mais, ô prodige sublime de la grâce divine !!! bien qu'elle fût accablée de tant de maux, travaillée de douleurs atroces, lacérée, [pour ainsi dire, par tant d'efforts, bien qu'elle eût le palais empoisonné par tant de breuvages, on ne la vit jamais se livrer au moindre acte d'impatience; pas une larme, pas un geste, pas le moindre signe qui fût un indice de fatigue ou de répugnance à souffrir, mais, toujours calme et tranquille, elle conserva la sérénité la plus parfaite jusqu'au moment où, cette toux opiniâtre se calmant enfin, elle commença à parler avec onction et douceur, comme si elle n'eût jamais rien enduré.

La sœur qui la soignait avec l'infirmière ne put s'empêcher de dire : « J'ai été employée

plusieurs années au service de l'infirmerie ; j'ai
assisté des sœurs, et je les ai vues souffrir avec
une patience et une résignation admirables,
mais, combien la tranquillité de notre chère
malade n'est-elle point encore plus surprenante,
dans un âge si tendre ! » La nuit était déjà avancée quand Joséphine s'endormit paisiblement, et
en s'éveillant, elle dit à la sœur : « Ecoute ! hier
au soir, quand j'avais tant... tant de toux, tu me
donnais des médecines mauvaises, très-amères,
je les prenais volontiers, car j'ai toujours pensé
au fiel que prenait Jésus ; ainsi elles ne me
paraissaient plus rien amères, mais bonnes ! »
Ce prodige étonnant d'une invincible patience au
milieu de souffrances si aiguës, nous l'avons
vue de nos propres yeux, et, en le contemplant,
nous admirions le pouvoir de la grâce sur ce
cœur fidèle !

Quand je vis que son état empirait de nouveau
sensiblement, et qu'elle avait besoin de soins
tout particuliers, je lui dis : « Serais-tu fâchée
d'aller à l'infirmerie ? » Elle me répondit avec
une amabilité angélique : « Tout ce qui fait
plaisir à Maman, me fait plaisir à moi, fais tout
comme tu veux, chère Maman, moi fort contente quand Maman est contente. » Deux jours
après, je la fis porter à l'infirmerie, où elle
demeura jusqu'à ce qu'elle rendit sa belle âme à
Dieu.

On peut dire, sans crainte d'être taxé d'exagération, que la chambre qu'elle habitait était une école de vertu. Elle gisait sur son pauvre grabat, comme sur un lit de roses, ne parlait de ses douleurs que lorsqu'elle était questionnée, et encore répondait-elle fort brièvement, sans témoigner le moindre ménagement pour elle-même. Elle ne jouissait qu'en entendant parler de choses célestes. J'éclaircirai mieux ce point dans le chapitre suivant, mais je crois qu'il est au moins bien difficile, sinon impossible, de tracer le juste tableau de tant d'héroïsme dans une toute petite fille de 8 ou 9 ans tout au plus.

V

Sa sainte mort.

Voilà notre bien-aimée malade sur son lit de souffrances, devenu pour elle une véritable croix; la voilà immobile pendant plus de dix jours, à cause d'une enflure extraordinaire qui, rendant son pauvre corps tout à fait méconnaissable, ne lui permettait de mouvoir les mains qu'au prix de très-vives douleurs. Ses maux devenus spasmodiques étaient soumis à de fréquentes variations, et on ne savait plus à quel remède avoir recours pour lui procurer quelque soulagement.

La petite Africaine supportait tout en silence et, quand on lui disait que toute douleur endurée constamment par amour pour Notre Seigneur était une fleur nouvelle ajoutée à la couronne qui l'entendait dans le ciel, alors un sourire céleste s'épanouissait, sur ses lèvres...Un sourire! c'était un rayon de ce soleil de la foi qui fait trouver des satisfactions au milieu de l'agonie et du râle de la mort !!! A force d'enfler, il se fit plusieurs crevasses à son corps ; la pourriture en ruisselait de tous côtés, et on ne savait plus par où la prendre, pour lui rendre les services indispensables. A l'aspect des huit plaies qui s'étaient formées d'elles-mêmes sur son corps, et de la dissolution entière qui la menaçait, on pouvait bien dire qu'elle était devenue comme un autre Job.

Oh! qui pourra jamais exprimer ce qu'elle a dû souffrir dans une position si pénible! Elle qui ne pouvait endurer la moindre tache, et qui aimait tant la propreté! Sa réserve était telle qu'on ne pouvait l'engager à se laisser panser, et à recevoir les services les plus urgents, si ce n'est des mains de la sœur qu'elle avait habituée. Je lui dis, un jour : « Ecoute-moi bien; il ne faut pas être dans une si grande appréhension; les sœurs, en qualité d'épouses de Jésus-Christ, font toutes choses avec prudence et réserve; quand sœur Marie-Joseph n'est pas ici, tu dois laisser faire à une autre ce qui est nécessaire. » A quoi elle me répondit, avec sa douceur ordinaire : « Oui, maman: je ferai tout comme tu voudras, mais s'il te plaisait que sœur Marie-Joseph fît tout, j'en aurais plus de plaisir, parce que je suis bien honteuse avec les autres, et puis je crains qu'elles n'éprouvent de la peine à me rendre des services si dégoûtants. » Et, à ces mots, les larmes lui tombaient des yeux.

La position de cette chère enfant aurait amolli les pierres elles-mêmes; douleurs aiguës dans les entrailles, irritation au cerveau, évanouissements continuels, vomissements violents, froids subits, chaleurs brûlantes, voilà son pain quotidien, mais, plus le mal devenait accablant, plus augmentaient sa patience et son courage. Son désir de prendre le voile se montrait de jour en jour plus vif, mais, je faisais semblant de ne pas m'en appercevoir, et elle n'osait m'importuner.

On lui administra plusieurs fois le Saint-Viatique, et l'on était saisi d'un enchantement religieux, en voyant ce bel ange, à l'air prédestiné, joindre avec effort ses petites mains, et passer de longs moments à s'entretenir avec son doux Jésus, sans avoir besoin qu'on lui suggérât des actes de foi et de religion. Il fallait bien, au contraire, lui permettre de se livrer, en pleine liberté, aux mouvements de son cœur. Elle nous dit même, un jour : « J'ai toujours tant de choses à dire à Jésus! point besoin de livres; point besoin que d'autres me suggèrent; mon cœur parle toujours, Jésus content! Suffit. »

Elle tenait, autant qu'elle le pouvait, le crucifix étroitement serré dans ses mains, et, quand les douleurs la martyrisaient davantage, elle imprimait alors les plus ardents baisers sur ces plaies divines; c'était l'unique adoucissement qu'elle se permît dans la violence extrême du mal.

Cette blanche colombe semblait vouloir prendre son vol vers les collines éternelles. Le médecin, convaincu de l'imminence du danger, ordonna de lui administrer l'extrême-onction. Elle s'y disposa avec une dévotion et un recueillement tout particuliers; la satisfaction de son cœur éclatait sur sa physionomie, et elle ne pouvait s'empêcher de dire : « Oh! combien de grâces me fait Jésus! J'ai fait la sainte communion ce matin, ce soir, je reçois l'huile sainte! et puis, quand Jésus voudra, j'irai en Paradis!!! Oh! que Jésus est bon! Si j'étais morte parmi les Arabes, ce serait bien différent!!! » Avant la cérémonie, l'infirme voulut, d'abord, me demander pardon à moi-même, puis à toutes les sœurs, qui fondaient en larmes aux pieds de son li'; le confesseur était tellement ému qu'il pouvait à peine proférer les paroles de l'extrême onction. Elle seule tranquille, contente, joyeuse, occupée uniquement de la grâce qu'elle recevait, tendait ses petites mains au ministre du Sei-

gneur, comme si elle eût voulu dire : « dépêche-
toi de m'ouvrir les portes du Paradis. »

Quand la sainte cérémonie fut achevée, elle
resta quelque temps recueillie en elle-même,
remerciant Dieu du bienfait qu'elle venait de
recevoir; puis elle demanda la permission d'a-
dresser la parole à ses compagnes. J'y consentis
volontiers, mais, à peine arrivées auprès de son
lit, elles éclatèrent en sanglots. Ce fut la malade
qui les consola, en leur disant : « Ne pleurez pas,
chères amies, je vais en Paradis; je prierai
beaucoup pour vous, pour les Arabes, et pour
toutes les jeunes Môres, mais, vous autres, sou-
venez-vous d'être toujours obéissantes et sages;
aimez bien Jésus et la Sainte-Vierge. » Puis elle
ajouta : « Quand je serai morte, ne pleurez pas,
parce que je serai en Paradis, bien contente. »

Appercevant sur son lit une relique et deux
autres objets de dévotion, elle dit encore que si
Maman le voulait bien, elle leur laisserait ces
objets comme un souvenir. Alors elle les embrassa toutes bien tendrement et, voyant que
leurs larmes ne tarissaient pas, elle les congédia :
« Allez, chères amies, leur dit-elle, allez vous
amuser un peu. » Moi aussi je me retirai, parce
que mon cœur allait éclater.

Notre confesseur l'a continuellement assistée;
je passais les nuits à l'infirmerie et je l'ai enten-
due plus d'une fois dire à la sœur, qui la veillait :
« Fais doucement pour ne pas éveiller Maman.

Pauvre Maman! Je crains tant qu'elle ne souffre! » De temps en temps, elle soulevait les ri-
deaux du lit, me regardait et m'envoyait de
tendres baisers.

Après avoir reçu l'extrême onction, le 21 avril,
elle vécut, ou pour mieux dire, elle fut torturée
encore pendant quinze jours. Son corps ne faisait vraiment qu'une plaie, et on ne pouvait la
toucher nulle part sans lui causer d'atroces douleurs. Par moments, le danger était tel qu'on lui
portait le saint viatique tous les trois ou quatre
jours. Toute joyeuse de cette attention, elle agi-
tait ses petites mains en s'écriant : « Oh! quel
plaisir! oh! quel plaisir! Jésus m'envoie tant de
mal qu'il faut qu'on m'apporte la sainte communion plus souvent! Oh! que Jésus est bon, il sait
que je le reçois bien volontiers. »

Toujours consumée du désir de prendre le
voile, elle disait une fois à l'infirmière : « Mais
ne me donnera-t-on jamais le voile? Les sœurs
sont-elles mécontentes? Mourrai-je donc ainsi? »
Quand j'en fus prévenue, je n'eus plus le courage de la contrarier jusque sur le seuil de l'éternité. Je fis les démarches nécessaires. Je demandai l'autorisation de Mgr l'évêque, et l'on jugea
même convenable de permettre à la postulante
de prononcer les trois vœux simples de religion,
à cause de la solidité de son jugement. Le jour
de la cérémonie, elle se trouva fort accablée, et
ne put avaler une seule goutte d'eau. Pendant

qu'on faisait tous les préparatifs, qu'on décorait son lit de guirlandes, de fleurs artificielles, elle était occupée de son Dieu, donnait de temps en temps un coup d'œil à ce qui se passait autour d'elle, et retombait dans son extase: « Vois-tu ces fleurs? » lui dis-je. — « Oui, » reprit-elle, en me coupant la parole, « mais celles du paradis sont bien plus belles. » Tout fut bientôt prêt, et dans l'après-midi du 26 avril, notre confesseur put procéder à cette profession; la communauté était rassemblée dans l'infirmerie, les compagnes de notre jeune malade, voilées, vêtues de blanc, couronnées de guirlandes de roses blanches, et tenant à la main des torches allumées, étaient rangées au pied de son lit. La cérémonie fut courte, mais bien touchante. Lorsque la moribonde eut prononcé la formule prescrite, on lui imposa les noms de Marie-Fidèle-Françoise-Magdeleine-Laurence-Frémiot. Elle devait porter les deux derniers. Ensuite on lui mit le voile. Elle prononça les trois vœux, on lui donna la croix et le crucifix, puis on récita le *Laudate*, et tout fut terminé; mais il serait impossible d'exprimer quelle était alors l'émotion de son cœur.

Mgr l'évêque vint la visiter dans la soirée. Il traita la nouvelle épouse de Jésus avec cette bonté et cette amabilité qui le distinguent, et lui parla beaucoup du ciel. Elle se contentait de lui répondre par un simple *oui*, qu'accompagnait son regard si doux, mais si expressif; elle ne pou-

vait parler, tant sa respiration était gênée. Le
bon prélat, tout ému, prit congé d'elle, en lui
donnant sa bénédiction, et la pauvre Laurence
l'accompagnait de ses larmes. Ce fut certainement un grand sacrifice pour elle de ne pouvoir
témoigner autrement sa profonde reconnaissance.

Le jour suivant, qui était un dimanche, sa
respiration étant un peu plus libre, elle ne faisait
que parler de la grâce qu'elle avait reçue et ne
cessait de s'écrier : « Voici enfin ma croix ! Je la
baise toujours, même la nuit. Oh ! que je suis
contente ! oui, bien contente d'être épouse de Jésus ! Ah ! j'avais, auparavant, peur de mourir,
mais maintenant, non. Oh ! que mon cœur est
à l'aise ! Bondis, bondis, mon pauvre cœur ! tu
bondiras bientôt en Paradis. Le Seigneur me dit
qu'il m'a envoyé tant de mal afin qu'on me don-
nât plus tôt ce voile, que je désirais depuis longtemps. J'étais toujours mécontente, rien ne me
plaisait, même la robe bleue. Moi épouse de
Jésus !!! Oh oui ! si le seigneur permet que je
guérisse, je serai toujours, toujours son épouse ;
j'étudierai, j'apprendrai bien vite, et je ferai tout
mon possible pour accomplir tout ce que font les
sœurs ; si je meurs, tout est alors fait !... »

Tandis qu'elle parlait, ses yeux et sa figure
laissaient entrevoir je ne sais quoi de céleste.
Elle ne se lassait jamais de me remercier, ainsi
que nos sœurs, qui profitaient de ces intervalles
pour la charger de leurs commissions auprès de

Dieu. Car, en vérité, notre jeune professe s'approchait, à petits pas, du paradis. Ses souffrances augmentaient, des douleurs déchirantes la contraignaient à pousser des cris qui auraient ému les cœurs les plus durs. Ces cris n'étaient pourtant pas des plaintes, mais des invocations au secours divin, et, au moment des tressaillements les plus aigus, elle tenait son regard fixé sur une petite statue de Notre-Dame, qu'elle voulait toujours avoir auprès de son lit. Elle baisait sans cesse le crucifix, ainsi que l'image de la sainte Vierge et quelques reliques, dont elle ne voulait, à aucun prix, être séparée.

Tremblant de crainte de voir le démon avant de mourir, elle le témoignait à notre confesseur qui, vers la fin, l'assistait nuit et jour. « J'ai tant de peur, disait-elle, de voir le démon, je frissonne de peur ! » Le confesseur lui adressa quelques paroles, qui, en la tranquillisant, lui donnèrent ce courage que la foi seule peut inspirer en pareille circonstance. Au plus fort des convulsions, je lui disais : « Chère Laurence ! console-toi. Jésus approche; encore un moment, et puis tu seras en Paradis ! » Alors, elle proférait, pendant des heures entières, ces brûlantes exclamations : « O Jésus ! viens vite ! Viens, viens, cher Jésus ! O sainte Vierge ! qui m'as amenée ici de si loin, viens à présent me porter en Paradis. O mon saint Joseph ! où es-tu ? Viens me prendre, je ne peux plus rester ici.

Mon âme, mon cœur, ne peuvent plus rester éloignés de Jésus! O mon ange gardien! aide-moi à
pénétrer vite dans le Paradis! O saints et saintes!
venez, tous me prendre, accourez vite, portez-
moi auprès de Jésus. » Tous ceux qui l'entendaient étaient plongés dans l'étonnement de lui
voir encore une voix si forte et si bien soutenue.

Sa maladie étrange, que l'on ne put jamais
bien connaître, la réduisait, de temps en temps,
à la dernière extrémité, et on la voyait, pour
ainsi dire, sur le point de rendre le dernier soupir; ce qui fit qu'on lui appliqua plusieurs fois
les indulgences de la sainte Église, et qu'on lui
renouvela, à plusieurs reprises, la recommandation de l'âme.

On ne sentait plus le mouvement de son
pouls, et, dans ces moments critiques, nous
disions même le *Proficiscere*.. quand tout à
coup elle jetait, d'une voix sonore, ces cris:
« Paradis! Paradis! Laissez-moi aller en Paradis.
Adieu, maman; adieu, évêque; adieu, père confesseur; adieu, mes bonnes sœurs; adieu, au
revoir! » Je lui dis : « Oh! oui, tu es près du
jour éternel, mais nous, nous sommes enseve-
lies encore dans la nuit ténébreuse de cette
terre, et nous ne savons si nous pourrons obtenir le bonheur que tu nous souhaites. Quand tu
seras au ciel, demande à Dieu de nous l'accorder
dans sa miséricorde. » A cela, elle répliqua d'une

voix encore plus forte : « Oui, oui, Jésus vous le donnera à toutes. »

Comme on lui avait enseigné que le confesseur est l'ange visible qui guide l'âme au Paradis, elle le tenait toujours serré par la main, dans ces moments suprêmes, et ne voulait pas qu'il s'éloignât d'elle un instant. Elle lui répétait continuellement : « O père confesseur, quand irais-je en Paradis? » Dans certains moments, où elle semblait assoupie par un sommeil léthargique, je lui suggérais quelques mots affectueux. Aussitôt elle se mettait à parler à Dieu, à la sainte Vierge et aux saints, mais avec tant d'ardeur qu'il fallait ensuite s'efforcer de la calmer, dans la crainte que ces élans d'amour ne la fissent trop tôt expirer.

Notre confesseur lui disait quelquefois, en la voyant accablée par le mal : « Reste unie à la volonté de Dieu. » — « Oui, oui, » répondait-elle aussitôt, « je suis toujours unie à cette volonté. Oh! Jésus! Jésus !!! » et elle commençait de nouveau ses exclamations ordinaires. Il fallait se taire, bien que son bonheur consistât à entendre parler de Dieu. De temps en temps, elle plongeait du côté droit de son lit des regards si pleins d'agréable surprise qu'elle semblait y voir quelque chose d'extraordinaire; une fois, elle dit à notre confesseur : « Je vois Jésus! je vois Marie, je vois saint Joseph : oh! comme ils sont beaux! bientôt ils viennent me prendre. » Le confesseur lui ob-

serva qu'elle les voyait avec les yeux de la foi.
« Non, » répondit-elle, « je les vois avec ces
yeux-là ; » et elle mettait la main sur ses paupières.

Dans la dernière nuit, elle paraissait réellement une âme du purgatoire. On ne peut croire
tout ce qu'elle a enduré. Elle criait de temps en
temps : « Mais pourquoi, cette nuit, m'arrache-
t-on toute la peau? Pourquoi suis-je mordue
partout? Pourquoi me dévore-t-on les entrailles
et toute la chair? Oh! père confesseur! qu'y a-t-il
dans mon cœur qui brûle? » Celui-ci lui répondit : « Tu as la grâce et l'amour de Dieu. » A
quoi elle répliqua : « Ah! quel feu! quel grand
feu! » Néanmoins, en la touchant, on s'apercevait qu'elle était couverte d'une sueur froide.

Quel spectacle douloureux et déchirant! Elle
resta dans cet état toute la matinée suivante. Je
ne pouvais me décider à m'éloigner d'elle; mon
cœur était navré, je dois l'avouer; mais mon
âme éprouvait une indicible jouissance de se
trouver auprès de cet ange du Paradis. Je lui
dis :

« Te souviendras-tu de prier pour nous,
quand tu seras en Paradis? » — « Oui, oui, je
prierai pour maman, pour l'évêque, pour Abuja,
pour le père confesseur, pour toutes les sœurs,
pour mes compagnes, pour les Arabes, pour les
autres jeunes Môres, pour tous. » Elle ajouta,
un peu plus tard : « Mon cœur me dit que je

mourrai dans la journée, après l'obéissance; »
ce qui, chez nous, a lieu à midi.

Elle conserva toujours une parfaite connaissance, jusqu'à son dernier soupir. Des convulsions horribles semblaient la mettre en pièces à
chaque instant. Elle se calma vers dix heures,
prit un peu de repos, et dit ensuite : « J'ai
grande envie de dormir. » Le confesseur, la
voyant si tranquille, sans danger imminent, prit
un instant congé de la malade, qui lui dit : « Va,
mais reviens bientôt. En attendant, maman res-
tera là, à ta place. » Je le fis, me tenant bien
près, pour l'entendre respirer. Je m'aperçus,
vers midi, qu'elle était éveillée, et qu'elle disait
quelque chose à Dieu. Je profitai de ce moment
pour lui répéter tout ce que je voulais qu'elle se
rappelât en Paradis. Une demi-heure après, elle
ouvrit les yeux, en regardant du côté droit, et se
mit à rire. Je fis aussitôt appeler le confesseur,
qui vint avec la rapidité de l'éclair, car il était
tout près du monastère, mais il ne la trouva
plus en vie. Cet ange prit son vol pour le Paradis
à l'heure qu'elle avait prédite, et, d'après ce
qu'on peut supposer, à l'âge d'environ neuf ans.

Oh ! le beau départ pour le ciel que celui de
sourire en y allant ! O séraphin ! enivre-toi des
délices éternelles, jouis de ton Dieu, qui t'a si
tendrement aimée, mais souviens-toi de ceux qui
gémissent encore dans le sentier de la vie !!!

Son corps reprit, après la mort, sa forme première; un air de béatitude était répandu sur sa physionomie, et il semblait qu'en rappelant son âme au séjour des bienheureux, Dieu eût imprimé sur son corps une céleste empreinte.

Nous ne pouvions nous rassasier de la contempler, et quelques sœurs demandèrent si on avait fait les épreuves nécessaires pour s'assurer qu'elle était réellement morte. Elle semblait dire en souriant à tous ceux qui la regardaient : « Je suis en Paradis. » Ses compagnes étaient dans le ravissement et ne cessaient de s'écrier : « Oh! comme elle est belle! qu'elle est belle! »

Nous l'avons exposée dans le chœur, suivant notre usage, vêtue en religieuse, la tête ornée d'une couronne de roses blanches (c'était celle de son baptême), tenant en mains, outre le crucifix, une branche de lis blancs, ouvrage ingénieux d'une de nos sœurs. Grand nombre d'autres fleurs, rangées en symétrie, ornaient le cercueil; et, après les dernières aspersions et le délai prescrit, nous fûmes enfin obligées de confier à la terre le dépôt qui lui appartenait. J'en ai souffert moi-même plus qu'aucun autre, et je ne savais comment m'y prendre pour couvrir ce visage d'une habitante du Paradis; mais ce devoir devait être accompli!!! Je lui imprimai un dernier baiser, et nous la laissâmes en repos avec les morts.

Nous avons la douce consolation, et je dirai même la ferme conviction, d'avoir une puissante

8

protectrice en cette épouse prédestinée de Jésus; et déjà plus d'une de nos sœurs a ressenti les effets de son assistance.

Voilà l'histoire bien simple de celle que Dieu me confia, afin de l'élever pour le ciel. Elle a correspondu à la grâce du Seigneur, à ce point qu'on peut lui appliquer les paroles de la sagesse : *Consummata in brevi explevit tempora multa.*

Oh ! si toutes les jeunes filles correspondaient avec la même fidélité aux soins que l'on prend de leur intelligence et de leur cœur, qu'il serait délicieux de se livrer à leur éducation, et quelles douces espérances ne pourrait-on point concevoir pour l'avenir !

———

MARIE-ANNE FADALCARIM

JEUNE MORE DÉCÉDÉE A ARCO, LE 21 AOUT 1856.

—

Dans la matinée du 31 octobre 1855, un con-
cours fort nombreux de peuple remplissait la
vaste église collégiale d'Arco, près Trente (Tyrol).
On ne peut dire que la piété seule eût attiré cette
foule. Un sentiment d'attente inquiète se lisait
sur le front de la plupart des spectateurs, tra-
hissait leurs désirs et révélait la curiosité qui les
avait amenés; curiosité qui, d'ailleurs, était bien
justifiée par la nouveauté et la grandeur de la
solennité sainte qu'on allait célébrer. Bientôt
toutes ces figures prirent une expression de
pieux recueillement : l'appareil était trop touchant, trop sublime en même temps, pour que
tout autre sentiment ne dût s'effacer, et faire
place aux affections les plus douces, mais aussi
les plus sérieuses.

Trois jeunes filles môres, amenées du monas-

tère voisin des Servantes de Marie, se présentaient
pour recevoir le baptême ; elles le sollicitaient à
la fois avec tant d'allégresse et d'anxiété, de modestie et de confiance, que chacun pouvait lire
dans leurs gestes, leurs regards et leurs mouvements quels étaient leurs besoins et leurs pré-
tentions ; ce n'était rien de moins que de devenir,
elles aussi, les enfants du Très-Haut, les épouses
de Jésus-Christ.

Ces visages noirs, qui ne peuvent rougir, firent
peut-être rougir plus d'un chrétien, qui, jouis-
sant depuis longtemps de ces priviléges, y était
devenu insensible n'y songeait pas, ou s'en oc-
cupaitt peu. Ces jeunes Môres étaient accompagnées de deux autres moins âgées, mais leurs
sœurs sous le rapport de la patrie, de la condition et de l'éducation, lesquelles, ayant été baptisées auparavant, dans un danger de mort,
demandaient en ce moment qu'on leur suppléât
les cérémonies du baptême.

Cette fonction sainte ne pouvait être ni plus
pieuse ni plus touchante, et, quand on eut enfin
versé sur la tête de ces infortunées l'eau régéné-
ratrice, il sembla qu'on avait enlevé un poids
énorme du cœur de tous les assistants. Tous les
visages se dilatèrent ; sur chacune de ces trois
figures, qui attiraient tous les regards, on crut
lire : « Gloire à Dieu, je suis régénérée ! » En ce
moment si solennel, le ministre des autels monta
en chaire , et, adressant d'abord la parole à

ces nouveaux rejetons de l'Eglise, il leur montra la grandeur des miséricordes divines qui
s'accomplissaient en elles.

« Mes fi'   » leur disait-il, entre autres choses, « ce .   pas vous qui avez choisi le Seigneur, mai c'est le Seigneur qui vous a choisies;
et si, en ce moment, vos cœurs sont enfin ouverts
à l'amour, vous n'avez pas été les premières à
aimer, mais c'est lui qui vous a aimées le premier. Sa charité envers vous est éternelle; c'est
pour cela qu'il vous a attirées à lui, touché qu'il
était de compassion pour vous. La vocation à la
foi n'est pas l'ouvrage de nos efforts ni le fruit de
notre volonté; mais c'est uniquement l'effet de la
miséricorde infinie de Dieu. De toute éternité il
avait décrété votre rédemption. Dix-huit siècles
avant votre naissance, il avait envoyé sur la
terre, pour qu'il mourût pour vous, son fils
unique, au nom duquel seulement nous pouvons
espérer notre salut. C'est aussi pour vous que
Jésus-Christ, en vertu de ses mérites infinis,
avait préparé ce sacrement, qui vient de vous
revêtir d'une innocence angélique, et de répan-
dre en vous cette charité, qui est l'œuvre de
l'Esprit-Saint. Quand vous vîntes au monde,
quoique ce fût dans un pays où le divin Sauveur
est tout à fait inconnu, son regard, cependant,
vous contemplait déjà avec amour, et sa sagesse
incompréhensible, unie à sa puissance infinie,
ont coopéré dès lors à cet acte d'ineffable misé-

8.

ricorde qui vient d'avoir lieu pour vous. C'est
cette miséricorde qui, dès vos plus tendres
années, vous lança sur une route de souffrances
que vous avez baignée de vos larmes; car il est
écrit qu'on ne peut arriver au royaume de Dieu
qu'à travers le sentier des tribulations; c'est
cette miséricorde qui, gravant sa propre image
dans l'âme de votre libérateur, l'excita à venir,
de pays bien lointains, à la recherche de vous
toutes, qui lui étiez inconnues au milieu de vos
misères. C'est cette miséricorde qui s'est servie
tant de fois de la malice et de l'impiété des
hommes, de la haine et de la cruauté de vos
frères, des efforts même de vos ennemis, pour
vous amener ici et vous régénérer : car tout doit
concourir à l'action de la Providence de Dieu.
J'en appelle à vous-mêmes, et, pour ne point raconter ici l'histoire de chacune de vous, il suffira
de jeter un rapide regard sur les infortunes de
celle qui occupe la première place.

« Lorsque, arrachée du sein de ta mère bien-
aimée et des bras de tes sœurs, tu fus réduite en
esclavage dans des pays lointains, qui t'étaient
inconnus; lorsque, pendant la route, traversant
les montagnes, exténuée de fatigues, de besoins,
de douleurs, tu sentis les forces t'abandonner, et
la mort devenir prochaine; quand ton maître
cruel, désespérant de pouvoir te traîner plus loin
vivante, et de tirer de toi quelque profit, t'aban-
donna dans le désert, n'ayant que la pitié bar-

barc de te suspendre à un arbre, les pieds et les mains liés, afin que tu ne pusses devenir la proie vivante d'un lion ou de quelque hyène, peut-être moins cruelle que lui; dis-moi, ô mon enfant! quel n'était point alors le poids de ton infortune? Pas un seul regard de compassion qui s'arrêtât sur toi! Pas un éclair de religion qui portât dans ton cœur le plus léger soulagement à tes maux!... La miséricorde du Seigneur te couvrait depuis longtemps de ses ailes protectrices, mais son action ne devait point encore se montrer sensible à ton égard. Tu fus bientôt délivrée de ce supplice, et sauvée de la dent des bêtes féroces, non par la compassion, mais par l'avarice d'un autre voleur, encore pire que le premier, et tu pus bien t'en convaincre quand tu éprouvas les cruautés de celui qui t'avait détachée de l'arbre. Mais qu'importe? Cette barbarie, cette impiété même, se transformèrent pour toi en moyens de salut, qui te conduisirent, peu à peu, jusqu'ici, jusqu'à la lumière de la vérité, et à la source des grâces. Sous la main de Dieu, l'avarice de tes ravisseurs te fut aussi utile que la charité de ton libérateur; la jalousie de tes compagnes d'esclavage fut pour toi une bénédiction, comme la tendresse de tes nouvelles mères; car, nous l'avons dit, tout doit servir d'instrument à la miséricorde du Seigneur. »

Tel fut, en résumé, le sens de ce discours; l'orateur avait dû s'adapter à l'intelligence bor-

née et au vocabulaire encore si restreint des
pauvres étrangères qui l'écoutaient. Le peu de
mots qu'il avait dit sur les infortunes de celle
qui était placée à la tête des autres, excitèrent
une vive curiosité parmi les assistants; ils se
montrèrent avides de connaître plus en détail
ses aventures, et, ce fut pour satisfaire ce
pieux empressement, autant que pour faire admirer de plus en plus les voies impénétrables de
la Providence de Dieu, à l'égard de notre héroï-
ne, qu'on publia alors la notice que nous donnons ici.

Cette enfant, née dans l'Afrique centrale, à
Téghélé, reçut, en venant au monde, le nom de
Fadalcarim. Son père devait appartenir à une
des familles les plus aisées et les plus remarquables du pays, car, il possédait des campagnes et des troupeaux; son frère exerçait, dans
la contrée, des fonctions qui correspondent à
celles de juge. Les habitudes, les penchants, le
maintien, la réflexion et la gravité que l'on
remarquait encore dans la jeune Fadalcarim,
quand elle arriva chez nous, étaient un indice
presque certain qu'elle sortait d'une famille au-
dessus du commun, parmi les barbares; il lui fut
impossible de contracter des habitudes viles,
même au sein de l'esclavage. Elle n'avait cependant, alors, aucune notion de Dieu, aucune idée
religieuse.

Dans ces contrées, il n'est question de religion

que parmi les vieillards, ce qui est, pour ainsi
dire, un bonheur pour nos jeunes Môres; car,
arrivant chez nous sans être encore imbues
d'erreurs religieuses, elles peuvent recevoir,
sur une terre vierge, la semence de la divine
parole, sans qu'il soit besoin de déraciner, chez
elles, des pirncipes erronés et des superstitions.
Son tact moral était fort délicat, et son amour
filial extrêmement tendre. Ces sentiments naturels, qui germent dans le cœur de l'homme, ne
peuvent, en vérité, être étouffés par la barbarie;
mais, ils sont souvent assoupis, chez les peuples
sauvages, comme parmi nous, par la funeste influence des passions.

Nous ne nous arrêterons point à dépeindre la
famille à laquelle appartenait la jeune Fadalcarim; quelques scènes, que nous allons esquisser,
suffiront pour la faire connaître. Cette famille
fut assaillie, un jour, par quelques voleurs, qui
voulaient enlever les filles et en faire un objet
de spéculation. Le père accourut à la défense de
ses enfants, et déploya tant de valeur que les
ravisseurs furent obligés de se désister de leur
entreprise. Une légère blessure, qu'il avait reçue
dans le combat, fut guérie en peu de jours.
Quelques temps après, forcé de prendre part à
une expédition guerrière, il ne tarda pas à être
rapporté au foyer domestique avec une blessure
plus profonde, qui jeta la famille dans la consternation. Ce fut inutilement que sa femme et

ses filles lui prodiguèrent leurs soins les plus empressés.

Un jour que sa femme s'était rendue dans les champs, en confiant à ses filles ainées le soin de leur père malade, celui-ci la fit appeler bien vite, et lui dit, en la voyant, qu'il se sentait mourir. En même temps, il la chargea d'amener près de lui tous ses enfants, qu'il voulait embrasser encore une fois. On se rendit à l'instant à ses désirs, il les pressa, les uns après les autres, contre son cœur, et rendit le dernier soupir entre les bras de son épouse. Sa famille demeura plongée dans la désolation et versa beaucoup de larmes.

Cette scène attendrissante se passait dans une cabane de nègres barbares, tandis qu'il n'est pas rare de voir chez nous des gens, qui se disent chrétiens et civilisés, offenser également, dans leur conduite à l'égard de leurs frères, et les lois de la religion et les plus simples préceptes de la loi naturelle.

Il restait encore à cette mère éplorée trois filles, dont Fadalcarim était la plus jeune, et deux fils, l'un déjà grand et l'autre encore enfant ; l'aînée des filles ne tarda pas à se marier, car, dans ce pays-là, on se marie à l'âge d'environ 12 à 14 ans. La cadette aurait pû en faire autant mais elle ne voulut pas s'établir, préférant rester avec sa mère pour être son aide et son appui. On ne saurait pourtant dire en quoi elle pouvait lui être utile, attendu que cette mère infortunée, après la mort de son mari qui était son unique défense, avait, pour ainsi parler, dans chacun de ses enfants une source intarissable de continuels tourments. Elle frissonnait à chaque instant à la pensée de les voir mettre en pièces, sous ses propres yeux, par les bêtes féroces, ou, ce qui était encore pis, de les voir tomber entre les mains d'hommes cruels qui les arracheraient de son sein pour les traîner sur les marchés et les plonger dans l'esclavage.

Il n'est pas rare, en effet, dans ces contrées, que des lions ou des tigres viennent rôder, pendant la nuit, autour des chaumières et des cabanes, pour dévorer quelqu'un de leurs habitants. Quelquefois aussi un singe malin pénètre, en cachette, dans les habitations, surprend de petits enfants, et les emporte dans ses bras pour les donner en pâture à sa propre famille.

Aussi cette pauvre mère avait-elle un soin extrême, à la tombée de la nuit, de réunir autour de sa personne sa tendre progéniture, de fermer soigneusement toutes les ouvertures de son habitation, et d'amonceler à l'entrée tous les meubles qu'elle possédait, pour s'en former une espèce de rempart.

Mais l'œil d'une mère ne saurait être partout; et ce fut précisément cette crainte des bêtes féroces, dont était saisie toute la famille, qui faillit, une fois, coûter la vie à notre-petite

Fadalcarim. S'étant furtivement évadée, le soir, de l'habitation commune, elle s'étendit non loin sur le sol, et s'y endormit profondément. Lorsque arriva l'heure de se barricader dans l'intérieur, son frère, un peu plus grand qu'elle, ne s'étant pas aperçu de son absence, s'approche de la porte pour la fermer, et entrevoit au dehors, dans l'obscurité, un objet noir inaccoutumé, qui était étendu par terre. La peur grandit encore et défigura à ses yeux ce qu'il avait aperçu, à tel point qu'il crut avoir vu une bête féroce, qui s'était placée là pour tendre quelque piége. Il saisit promptement un bâton noueux, ne fait qu'un saut, et assène des deux mains un coup terrible sur l'objet qui l'effraie. Par bonheur, il était encore trop loin pour avoir pu frapper bien juste, et le cri de douleur que jeta aussitôt la jeune fille blessée trouva un écho dans les soupirs de consternation que poussa, de son côté, le frère meurtrier.

Tandis que toute la famille se hâtait de porter secours à la victime, le coupable involontaire se montrait inconsolable de sa funeste erreur. Il ne se tranquillisa qu'après avoir acquis la certitude que sa faute n'aurait aucune grave conséquence. Il n'essuya ses larmes que lorsqu'il vit la pauvre enfant lui sourire et lui donner l'assurance, par un tendre baiser, qu'elle ne lui gardait aucune rancune.

Cette profonde douleur, pour une faute invo-

lontaire, puis ce baiser de paix, entre des gens
qui vivent au milieu des bêtes féroces, sans loi,
sans espérances et sans Dieu, ne peuvent que
toucher profondément nos cœurs. Nous sommes
émus de compassion, en voyant des sentiments
si délicats dans des êtres assis dans les ténèbres
et les ombres de la mort; mais, en même temps,
ce spectacle doit exciter en nous la plus vive
reconnaissance envers le Créateur, pour avoir
gravé si profondément dans l'homme l'empreinte
de son image qu'elle ne peut jamais en être tout
à fait effacée, même par la dégradation de l'état
sauvage.

Malheureusement, à ces scènes attendrissantes
en succèdent bientôt d'autres, qui font un pénible contraste et portent l'esprit aux plus déchirantes réflexions.

Cette pauvre famille, qui parvenait à se garantir de la griffe des lions, ne fut pas assez heureuse
pour échapper longtemps aux mains des ravisseurs. Plusieurs fois déjà, la mère avait tremblé
à la seule idée de ce péril; plusieurs fois, tandis
qu'elle travaillait aux champs, et que ses enfants
l'aidaient ou s'amusaient sur l'herbe, elle avait
pu apercevoir certaines figures étrangères rôder
dans les environs et faire signe à l'un ou à
l'autre de les suivre, comme s'ils avaient quelque chose à leur communiquer en secret. Le
sang de la pauvre mère se glaçait dans ses veines,
et, comme la poule qui aperçoit l'épervier, elle

9

se hâtait de quitter les campagnes solitaires, afin de chercher, pour elle et pour les siens, un refuge dans les habitations.

Mais, une nuit, pendant que toute la famille était plongée dans le sommeil, on entendit tout à coup des gens qui renversaient les meubles entassés à l'entrée. Tous sautent, épouvantés, hors de leur couche, mais hélas! il était trop tard! Une bande de ravisseurs armés s'empare de chacun d'eux; on leur impose, sous peine de mort, le plus rigoureux silence, afin que leurs cris ne soient point entendus des habitations voisines; on les enchaîne tous; la mère et ses enfants sont entraînés, comme des bêtes de somme. Le plus jeune, ne comprenant pas le danger, pousse des cris d'effroi; le voilà à l'instant mis en pièces, sous les yeux de sa mère, de son frère et de ses sœurs; ses membres éparpillés jonchent la route qu'ils parcourent.

Quant à la jeune Fadalcarim, ce fut précisément la rage de ses ravisseurs qui lui ouvrit le sentier du salut éternel. La relation que nous suivons ne s'occupe plus que d'elle désormais, par l'impossibilité sans doute où l'on a été de savoir ce que sont devenus sa mère et ses frères, et cette histoire, qui était celle d'une famille entière, va bientôt se réduire à celle d'un seul de ses membres. Les autres disparaissent à nos regards, au moment du partage que firent entre eux les ravisseurs.

Ils marchèrent toute la nuit et le lendemain, trainant avec eux leur pauvre butin; mais, quand ils arrivèrent en un endroit qu'ils jugèrent à l'abri des poursuites des parents ou des voisins des captifs, ils firent halte et s'arrangèrent aussitôt pour partager entre eux leurs nouveaux esclaves. La mère échut à l'un, la fille à l'autre, et ainsi des deux derniers; mais, soit par cas fortuit, soit par crainte que quelqu'un ne succombât à la douleur d'une séparation trop brusque, bien que le partage eût été effectué, on les laissa réunis encore quelque temps. Ils regardèrent cette circonstance comme un grand soulagement dans leur malheur.

Mais leur sort était déjà décidé; la séparation était inévitable et imminente; à chaque instant, on s'embrassait, on se disait adieu, pour la dernière fois; chaque regard échangé entre eux déchirait leur cœur; un mot de tendresse de l'un était comme la pointe d'une épée qui blessait tous les autres; leur état n'était qu'une agonie prolongée. Un jour enfin, on appela la petite Fadalcarim hors de la cabane où ils étaient, sous prétexte de quelque service momentané, et, quand elle fut sortie, un Arabe auquel son ravisseur venait de la vendre, la saisit et l'emmena.

On peut s'imaginer quel coup ce fut pour la pauvre enfant, qui, arrivée à ce point de son récit, était suffoquée par les larmes et ne pouvait que s'écrier : « O ma mère! ma pauvre mère! »

Après avoir donné un libre cours à ses pleurs, elle reprenait le fil de son discours en ajoutant : « Je n'ai plus rien su de ma mère, de mon frère ni de ma sœur; j'ignore ce qu'ils sont devenus. Oh! si, du moins, ils avaient eu, en partage, un sort aussi heureux que le mien! » Mais, avant de parvenir à ce bonheur, quelle voie de souffrances ne dut point parcourir l'infortunée!

L'Arabe, qui l'avait achetée, la conduisit à son habitation, et la confia à sa femme, non pour en avoir soin, mais pour la faire travailler, et en tirer le meilleur parti possible, jusqu'au moment où elle serait en état d'être vendue avantageusement sur quelque marché. Comme la pauvre enfant paraissait intelligente, on lui mit des chaînes aux bras et aux jambes, de peur qu'elle n'essayât de prendre la fuite, et, cependant, elle n'était âgée que d'environ six ans! L'occupation à laquelle la soumit cette femme, dont le cœur était peut-être plus dur que celui de son mari, fut de moudre le blé, en faisant tourner une petite meule, suivant l'usage du pays, travail qui, bien que peu fatigant en lui-même, était, pourtant, bien au-dessus des forces de cette jeune fille.

Si, au moins, ses souffrances s'étaient bornées là!.. mais, ce n'était pas seulement le travail qui exténuait les forces de ce frêle petit corps, il faut y ajouter les horreurs de la faim, car il est bien naturel que l'homme qui n'a d'autre instinct que l'avarice laisse manquer du nécessaire celui dont il ne veut que retirer du profit; au reste, si l'affaire n'avait dépendu que du mari, il aurait bien réfléchi que, puisqu'il voulait revendre cette esclave, il était de son intérêt de la laisser se bien fortifier, pour en tirer un meilleur prix sur les marchés; mais en sa qualité de marchand il était rarement au logis, et sa femme n'entrait pas dans tous ces calculs. Elle avait une volonté absolue en tout, et ne demandait rien à l'affection, car des gens de cette espèce n'y prétendent pas; elle attendait tout de la force.

Un jour, la petite Fadalcarim, préssée par la faim ayant mis furtivement la main sur un reste de viande rôtie, sa maîtresse s'en aperçut, et la fouetta si rudement, avec des lanières de cuir, que la pauvre enfant tomba évanouie sur le sol. Ce ne fut pas la fin de ses tourments; pour qu'ils eussent un terme dans cette maison, il fallait qu'ils parvinssent au comble; c'est ce qui arriva.

Quelques jours après, on ne sait pour quel motif, cette femme cruelle donna à la jeune Môre un coup si violent sur la poitrine, qu'à l'instant la pauvre enfant vomit une grande quantité de sang. On crut qu'elle allait mourir, et, bien qu'elle ait pu survivre encore, ce fut là assurément la cause de cette frêle santé qu'elle eut constamment dans la suite, des souffrances atroces, qui la tourmentèrent pendant le reste de ses jours, et du crachement de sang, auquel elle était sujette de temps en temps. On a même lieu de croire que ce fut la cause première, sinon unique, de sa fin prématurée.

Son maître s'aperçut pourtant alors qu'il n'avait plus de temps à perdre s'il voulait tirer quelque parti de sa marchandise, et qu'il courait grand risque de n'avoir à vendre, plus tard, qu'un cadavre. Ayant donc promptement réuni quelques esclaves qu'il voulait exposer en vente avec la petite Fadalcarim, il se dirigea vers le lieu du marché. La route était longue et pénible; il fallait traverser une haute montagne, et que pouvait-on exiger d'une enfant à demi morte?

Après une journée de marche, elle se trouva réduite presque à l'extrémité, et son maître, qui ne voyait désormais en elle qu'un embarras, commanda à une autre esclave de grimper sur un arbre, d'y attacher la jeune fille par les mains et par les pieds; après quoi, il la laissa là. Voilà quelle est, en pareil cas, toute l'humanité de ces barbares; ils agissent ainsi pour que les mourants rendent en paix leur dernier soupir, sans que les bêtes féroces viennent les mettre en pièces, tandis qu'ils respirent encore.

Ces cas ne sont pas rares, et la pauvre enfant avait pu deviner le sort qui l'attendait elle-même dans la soirée, à la vue de plusieurs membres humains encore palpitants, qui voltigeaient çà et là, suspendus aux branches des arbres. La miséricorde éternelle en avait disposé autrement pour

cette infortunée. Sa dernière heure n'était pas
encore sonnée. Elle n'avait point avalé, jusqu'à
la dernière goutte, le calice d'amertume, après
lequel devait luire pour elle le soleil de la Rédemption.

Son supplice ne se prolongea pas beaucoup; il
passa bientôt dans ce sentier une troupe de voleurs; l'un d'eux remarqua la jeune fille suspendue, et s'aperçut au tremblement des membres,
puis à un faible gémissement, qu'elle respirait
encore. Un espoir de gain fait palpiter ce cœur,
sur lequel la compassion aurait été impuissante;
il monte sur l'arbre, en détache cette proie inat-
tendue, et essaie de la rappeler à la vie.

La pauvre enfant reprend connaissance; il la
ranime un peu, elle acquiert une nouvelle vigueur;
un peu de repos et de nourriture lui rendent la
chaleur et le mouvement, que les souffrances, la
fatigue et la soif lui avaient enlevés presque entièrement. Le voleur s'en réjouit et, calculant
déjà intérieurement le gain que le hasard lui a
réservé, il ne manque pas de se mettre en route
à la pointe du jour, avec sa nouvelle conquête,
pour rejoindre ses compagnons. Oui ! marche,
hâte-toi, aveugle instrument de la Providence !
la jeune fille sera sauvée, mais non par toi.

Il est d'usage, parmi les habitants de nos villages que, quand un fermier conduit chez lui une
jument qu'il vient d'acheter à la foire de la ville,
tous les voisins s'empressent de faire cercle au-

tour de lui; chacun veut examiner la nouvelle
acquisition et dire son avis; l'un déclare qu'il a
fait une bonne affaire, l'autre le blâme et le dé-
courage. Ainsi fut entouré ce ballare, aussitôt
qu'il eut rejoint ses camarades. Chacun voulut
examiner cette enfant, chacun voulut dire son
mot. Celui-ci encourageait l'acquéreur à en prendre soin, et lui en pronostiquait un bon prix;
celui-là le raillait d'avoir perdu ses peines, pour
un si misérable objet, qui ne valait pas la nourriture qu'il lui avait donnée, et lui augurait qu'il
se repentirait bientôt de ce qu'il appelait une
bonne trouvaille; enfin tous riaient de cette
aventure, mais on peut facilement imaginer
quels furent les éclats de rire de cette horde et
leurs plaisanteries sur l'acquéreur, quand la malheureuse retomba dans son premier épuisement,
au bout de quelques milles de chemin. Ce fut
alors qu'il perdit, lui aussi, toute espérance, et
persuadé qu'elle ne pouvait survivre longtemps, se
repentant d'avoir perdu son temps et ses peines,
furieux des quolibets et des railleries de ses compagnons, il lança d'un coup de poing la jeune
fille au milieu des sables, et continua son voyage avec les autres, sans même avoir la compassion dénaturée de la suspendre à un tronc d'arbre, comme il l'y avait trouvée, et voilà la pauvrette abandonnée, une seconde fois, dans l'immensité du désert.

Il y avait encore quelques heures de jour. Elle

suivit autant que possible des yeux et accompagna de ses cris la troupe qui s'éloignait ; elle n'aurait pu faire autrement, car, après plusieurs heures de marche, sur ce sable brûlant, le dessous de ses pieds ne formait plus que deux énormes plaies. Ayant donc perdu tout espoir, du côté de ces barbares, la pauvre enfant continua à pousser des cris déchirants, dans la pensée que d'autres pourraient l'entendre et venir à son secours.

L'infortunée ! Elle ignorait qu'elle se trouvait dans un lieu tout à fait désert et peuplé seulement d'animaux sauvages. Elle s'en aperçut pourtant, quand, après avoir appelé jusqu'au soir, elle ne découvrit pas même l'ombre d'une créature humaine. A la tombée de la nuit, elle entendit, à une grande distance, les rugissements d'un lion répondre à son désespoir. Elle comprit à ce bruit qui ne lui était point inconnu et sa situation et le danger qu'elle courait. Elle pleura, plus désespérée qu'auparavant, mais en silence, sans pousser un gémissement, sans dire un seul mot, pour ne donner aucun indice à la bête féroce, qui n'aurait pas manqué de courir sur ses traces, au moindre son de sa voix. Si quelqu'un est émerveillé de voir tant de discernement dans une si jeune fille, on lui répondra qu'il doit remercier le Seigneur de vivre dans une contrée où les enfants n'ont point à pratiquer des ruses semblables, tout en apprenant la langue maternelle.

Cependant, la nuit s'écoulait. Oh ! quelle nuit !

9.

— 154 —

La pauvre enfant était fort heureusement trop
jeune pour se livrer à de longues réflexions. Outre la douleur de ses pieds, elle ressentait un
effroi terrible des bêtes féroces, dont elle ne cessa
d'entendre les hurlements, tantôt éloignés, tantôt
plus rapprochés, et de plus une soif ardente la
dévorait, sans qu'elle pût avoir à sa portée une
goutte d'eau, un fruit, ni le moindre rafraîchisse-
ment. Ceux qui ont entendu, de sa bouche, le
récit de cette nuit fatale, ne peuvent comprendre
comment elle avait pu survivre jusqu'au jour
suivant, et ne l'expliquent qu'en songeant qu'une
Providence éternelle veillait spécialement sur
elle.

Vous êtes grand, ô mon Dieu ! et votre puissance, ainsi que votre miséricorde, n'a pas de
limites ! Une jeune enfant, qui a dépassé à peine
son premier lustre, est perdue au milieu de
l'immensité des sables d'un désert d'Afrique,
mais vous veillez à ses côtés, vous l'avez prédestinée à vous appartenir entièrement, et vous
voulez remplir son cœur de consolations ineffables. Son aimable innocence doit servir à récompenser et à réjouir ceux qui plus tard prendront
soin d'elle, et, l'abondance des grâces, que vous
répandrez sur son âme, mettra sur bien des lèvres
ces mots : *Que votre nom soit sanctifié !* Votre
main, qui dispose tout avec tant de force et de
mansuétude, saura la conduire de la manière la
plus simple, et la plus admirable à la fois. Elle

la dirigera, aussi sûrement qu'elle conduit le
soleil du levant au couchant, aussi paisiblement
qu'elle fait couler le ruisseau du flanc de la
montagne jusqu'à la mer.

Quand donc ce fut la volonté de Dieu, l'aurore
parut, ainsi que le secours; l'infortunée, ayant
encore une fois ouvert les yeux, comme pour jeter
un dernier regard à la clarté du jour, vit passer,
à peu de distance, un Môre qui la considéra avec
anxiété, pour voir si elle était vivante, ou si ce
n'était qu'un cadavre. Elle fit un mouvement, et,
cette fois-ci, elle rencontrait un homme qui connaissait la compassion. C'était un esclave qui
servait d'avant-garde à la caravane d'un riche
marchand. Il s'approcha de la malheureuse,
mais il n'avait rien à lui donner pour restaurer ses forces. Il s'arrêta pourtant auprès d'elle,
en attendant l'arrivée de ses compagnons.

Il paraît que le chef aurait été peu disposé à
s'occuper de cette infortunée, mais l'esclave
compatissant le pria tellement qu'il finit par
l'émouvoir et en obtenir un peu de nourriture
pour la rendre à la vie. On la plaça sur un chameau; après quoi, on se remit en route.

Ce marchand n'était pas homme à vouloir
adoucir le sort de cette pauvre créature. Il l'avait
placée sur un chameau pour céder à l'importu-
nité de son serviteur, et parce qu'il lui semblait
trop cruel de la laisser mourir là dans le désert,
mais, il ne regarda pas comme une cruauté de

lui faire subir le sort commun réservé à ses
semblables et de la vendre comme esclave. Il
l'exposa sur le marché de la première ville où
ils passèrent, et il s'en défit à bas prix, pour se
débarrasser d'une œuvre gênante de miséricorde.

Ici commence pour la petite Fadalcarim un
nouveau genre de vie, où nous ne pouvons plus
la suivre aussi soigneusement que nous l'avons
fait jusqu'à ce moment. A peine son maître s'a-
perçut-il de son peu de force et de sa débile santé
qu'il la remit bien vite en vente, et la passa à un
autre, qui ne tarda pas à en faire autant. De cette
manière, elle changea si rapidement de maîtres,
et fut revendue si souvent qu'elle ne se rappelait
plus ni le nombre ni l'époque de ces changements successifs; l'esprit délié de la jeune fille,
son extérieur, qui annonçait une profonde intelligence, et surtout sa modique mise à prix plai-
saient à tout le monde; aussi ne manquait-elle
jamais d'acheteurs; mais quand on s'apercevait
ensuite de ses souffrances devenues habituelles,
quand elle menaçait de succomber aux premières rigueurs qu'on exerçait sur elle, le même
motif d'avarice qui avait engagé à l'acheter, la
faisait revendre, même à perte, parce que chacun
craignait de perdre son capital en la gardant
encore.

Cette succession de maîtres nouveaux, loin
d'adoucir, pour Fadalcarim, le poids de la servitude, l'aggravait encore davantage; car, à cha-

que instant, étrangère dans une maison, elle devait faire un nouvel apprentissage ordinairement bien dur, puisqu'il s'agissait de mettre ses forces à l'épreuve. De plus elle était reconnue bien vite et partout comme une marchandise tarée, pour laquelle l'acheteur avait, pour ainsi dire, jeté son argent; de là naissaient contre elle le mépris de tous les gens de la maison et le dépit du maître qui, se croyant dupé par le vendeur et ne pouvant se venger sur lui, faisait retomber le poids de sa vengeance sur la pauvre victime.

Ajoutez à cela toutes les autres misères, compagnes inséparables de l'esclavage, qu'elle n'était pas en état de supporter gaiement, à cause de sa frêle santé; ses infirmités, qu'elle devait avoir soin de cacher, autant que possible, afin de ne pas empirer sa condition. Elle les supportait, sans doute, en paix, mais elle ne trouvait jamais un ami qui, pour les alléger, lui témoignât la moindre compassion.

Ah! n'avoir jamais une personne qui l'aimât, ou qu'elle pût chérir, c'était là, sans doute, pour elle le supplice le plus cruel, et quand plus tard elle put naître à la vie nouvelle de la charité chrétienne, elle pleurait encore sur les jours de sa captivité, non point à cause de ce qu'elle avait souffert, mais parce qu'elle avait passé tout ce long temps sans amitié d'aucune sorte. Et pourtant ce cœur était si bien fait pour éprouver la

suavité de ce sentiment! Dès ses plus tendres
années elle avait savouré, dans sa patrie, les délices, la tendresse et les peines de l'amour filial
et fraternel, mais arrachée à ces jouissances,
elle s'était trouvée comme un être enseveli au
milieu des glaces, transi, engourdi, sans forces,
à demi mort; et comment ce cœur, quoique si
bien fait, aurait-il ressenti les joies de l'amitié,
si une étincelle de charité et d'affection n'était
venue d'ailleurs, pour le relever et le réchauf-
fer? Une fusée préparée avec art pour éclater en
mille gerbes resplendissantes et récréer la vue,
n'est qu'un objet noir, inerte, une vile matière,
tant que l'étincelle enflammée n'a point fait
jaillir la vive lumière qu'elle recèle dans son
sein.

Tout à coup cependant cette vie de Fadalcarim, si monotone dans ses variations incessantes, toujours également douloureuses, subit
un changement notable. Un de ses maîtres voulant s'en débarrasser, et ne trouvant probable-
ment pas dans son pays quelqu'un qui voulût
l'acheter, l'emmena au marché d'Alexandrie et
la vendit à un Turc, qui la chargea sur un navire pour la conduire à Constantinople.

Voilà notre petite Africaine mettant pour la
première fois le pied sur le sol européen. La
scène changea alors pour elle. En sa nouvelle
position, elle n'était plus traitée comme une
méchante bête de somme qui est toujours char-

gée de coups ou de fardeaux, mais elle avait le bonheur d'être mise sur le même pied que le caniche de la dame, le singe ou le perroquet qui ornent le palais des grands. Elle n'était plus un article de spéculation ou de gain, mais elle était devenue un objet de luxe.

Son maître était un riche seigneur qui étalait son faste, en entretenant une foule d'esclaves noires, bien supérieure aux besoins du service domestique; le sort de la pauvre Fadalcarim pouvait donc paraître bien moins dur, et cependant il était, en réalité, toujours le même, parce que, là aussi, elle retrouva des souffrances fort amères, quoique différentes de celles qu'elle avait endurées jusqu'ici.

On changea d'abord son nom, et on l'appela Mrasilla, nom qu'elle portait encore quand elle arriva à Arco. On daigna lui confier certaines charges domestiques qu'elle pouvait remplir malgré sa fragile santé, comme, par exemple, de préparer spécialement le café de son maître, de le servir chaque fois qu'il recevait quelque visite, et de plus, d'être aux ordres de sa maîtresse pour toutes les petites minuties; son cœur si tendre et qui s'ouvrait si facilement à une affection noble et sincère, son ingénuité unie à une intelligence peu commune, son air toujours gai et grave en même temps, son aptitude à apprendre tout ce qu'on lui enseignait, cette maturité de jugement et cette réflexion, qui fai-

saient un si beau contraste avec son âge et sa
mine juvénile, captivèrent bientôt le cœur de
la dame turque. Celle-ci lui accorda, sans délai,
une grande confiance, et l'aima presque comme
sa propre fille. Il était donc bien naturel que cette
dame cherchât, autant que possible, à rendre
plus douce sa condition ; mais, précisément ce
qui devait être pour Mrasilla la source d'une
vive satisfaction, devint, au contraire pour elle,
l'origine de tribulations nouvelles.

L'envie, qui ne dort jamais, dans aucune partie du monde, mais qui ronge surtout les âmes
avilies, trouva le moyen de susciter contre la
pauvre enfant le plus terrible ouragan.

Il y avait, dans la maison, plusieurs esclaves
noires, et ces femmes n'avaient ni trêve ni repos de voir que la plus petite, la plus jeune, la
dernière d'entre elles, était la préférée et la bienvenue de leur maîtresse. Aussi rapportèrent-elles
à leur maître les moindres fautes de Mrasilla,
en les exagérant, autant que possible, et en lui
présentant les choses sous l'aspect le plus capable d'irriter son orgueil. Quand elles ne trouvaient pas de matière à accusation, elles inven-
taient les calomnies les plus effrontées en les
revêtant de toutes les apparences de la réalité.
De la même source provenaient toutes les imper-
tinences, les dépits, les mauvais traitements et
enfin la persécution ouverte dont elles accablè-
rent notre douce créature.

En agissant ainsi, on pouvait compter sur l'impunité, vu la mansuétude et la patience que la victime avait apprises à la plus rude école. Elle connaissait fort bien la cause première de tous ces orages, et son âme en était déchirée, mais, seule contre tant de monde, que pouvait-elle faire? Sa maîtresse elle-même n'était pas en état de la protéger, sans courir le risque, si elle l'essayait, de se perdre elle-même avec son esclave privilégiée. La dame turque fut donc obligée de souffrir tranquillement qu'on la détachât de son sein, pour la voir passer en des mains étrangères; doublement malheureuse, elle aussi, car c'était peut-être la première fois qu'elle avait trouvé dans son entourage une âme qui palpitât sincèrement pour elle.

Le maître avait reçu quelques services d'un soldat qui devait bientôt se mettre en route pour des pays lointains; il lui offrit, en témoignage de reconnaissance, de lui donner une esclave, que le militaire accepta sans la voir, sachant le genre d'esclaves que ce seigneur avait l'habitude de posséder, et comptant peut-être aussi sur sa générosité. Mrasilla fut la malheureuse choisie à cet effet; bien qu'elle fût la victime innocente de la passion brutale des autres esclaves, son maître voulut s'en défaire pour rétablir la paix dans son intérieur; il l'envoya au port, où le propriétaire de la pauvre enfant, nouveau et inconnu pour elle, l'attendait sur le navire qui était prêt à mettre à la voile ; mais, quand il vit se présenter une si chétive créature, lui qui s'attendait à toute autre chose, il entra tellement en fureur qu'il la rejeta avec dépit, et fut presque tenté de la lancer à la mer ; il se contenta de la renvoyer, en jurant qu'à son retour, il aurait son compte à régler avec ce seigneur.

L'infortunée resta sur le rivage, et, n'ayant plus de maître, elle crut ne pouvoir mieux faire que de retourner chez celui qui avait voulu la sacrifier si lâchement. Le cœur de sa maîtresse bondit de joie en la revoyant, mais on s'imagine facilement l'accueil que lui firent ses compagnes.

Le maître, qui conservait toujours son sang-froid, patienta en silence, attendant un autre moment propice pour s'en délivrer, et, ayant trouvé quelques jours après l'occasion favorable d'un navire qui partait pour Alexandrie, il l'y fit monter, afin de la faire revendre à l'endroit même où il l'avait achetée. Ainsi, quelques mois seulement après avoir abandonné l'Afrique, la petite Môre y retournait sous un autre nom, mais sans autre bénéfice que d'avoir eu à supporter une série de nouvelles souffrances.

Tant de tourments ne feront-ils donc pas arriver pour elle l'heure de la consolation? Oui, mon enfant, lève la tête, la rédemption approche! La miséricorde divine te guide; marche en toute sûreté et ranime ton espérance!

Tandis que le navire qui avait à son bord la captive, entrait dans le port d'Alexandrie, un autre vaisseau y abordait d'un autre rivage, et y débarquait le saint prêtre, Nicolas Olivieri, de Gênes. Poussé par le mouvement irrésistible de sa charité, il faisait un de ses voyages accoutumés, pour rendre aux enfants môres la liberté, et les mettre sur la voie du salut éternel. Il se rendait au marché pendant que, d'un autre côté, on y conduisait la pauvre Mrasilla.

La jeune fille lui plut à la première vue; plus il la trouve faible, plus il s'attendrit en sa faveur; il entre en marché, l'achète et la conduit à l'endroit où sont recueillies d'autres malheureuses qu'il a déjà rachetées. « Réjouis-toi, ma fille, lui dit-il; te voilà libre, te voilà sauvée! » Mais, hélas! l'infortunée avait déjà trop souffert, pour s'abandonner à la joie; le temps seul parviendra à la guérir (1); car il est certain qu'elle fut, elle

(1) Une des plus grandes disgrâces que doivent subir les pauvres enfants nègres, c'est de ne pouvoir de quelque temps être heureux, alors même qu'ils le sont en effet. Habitués à se regarder eux-mêmes comme ils ont été considérés jusque-là par les autres, c'est-à-dire comme un vil objet de spéculation et de gain; accoutumés à changer à chaque instant de position, sans jamais voir leur sort s'améliorer sensiblement, ils sont incapables de concevoir dans leur esprit et de croire qu'il puisse y avoir des hommes qui, sans aucun avantage pécuniaire, et même au prix de tant de fatigues

aussi, en proie à cette fascination de la méfiance et du soupçon, si commune chez ces créatures qui passent tout à coup des horreurs de la captivité entre les mains de leur libérateur; mais son âme était trop bien faite, son cœur trop ardent pour ne pas pénétrer bien vite, de son regard perçant, ce mystère d'amour dont elle était l'objet! L'affection, que lui avait témoignée sa maîtresse turque, fut peut-être ce qui la mit sur la voie. Le fait est qu'elle comprit sans délai sa

et de dépenses, prennent soin d'eux et songent à leur donner la liberté, dans le seul but de les rendre heureux. Comment croire que ces étrangers, qui ne les ont jamais vus, puissent les aimer? De là vient que la douceur et les caresses des nouveaux acquéreurs ne servent au commencement qu'à inspirer aux jeunes nègres de la crainte, des soupçons et de la défiance; ils interprètent ces bons traitements comme autant de moyens de les gagner, de les allécher, pour les précipiter dans un esclavage peut-être plus dur que les précédents. L'œuvre du rachat leur paraît si mystérieuse et inexplicable qu'ils en sont stupéfaits. Ils préféreraient presque retomber entre les mains du Turc, dont la domination sur eux est un grand malheur, sans doute, mais au moins un malheur connu. C'est au point que la consolation est, tout d'abord, étrangère à ces malheureux. Il est bon, pourtant, de remarquer que cette méfiance déchirante est peut-être pour eux un bonheur, car si ces délaissés étaient en état de comprendre tout de suite la félicité qui leur arrive en tombant entre les mains de leurs libérateurs, ils pourraient être suffoqués par la joie.

condition, qu'elle sut l'apprécier et en jouir; nous la verrons bientôt, infidèle encore, mais devenue interprète de la charité divine, travailler à fortifier ses compagnes, essayer de calmer leurs inquiétudes, et de leur faire comprendre aussi ce qu'elle concevait déjà elle-même, c'est-à-dire le changement merveilleux qui s'était opéré dans leurs destinées et la tendresse réelle de leur nouveau possesseur.

Ce fut vers la fin de l'année 1854 que le fortuné conquérant arriva à Venise avec son précieux butin. Il s'empressa, selon son usage, de distribuer les jeunes Môres dans divers monastères de religieuses qui, rivalisant entre elles de foi et de charité, en prennent le soin le plus touchant, bien persuadées, d'ailleurs, que la bénédiction accordée à ces infortunées retombe sur elles, et produit des fruits au centuple. L'abbé Olivieri, ayant su que le monastère des Servantes de Marie, à Arco, était disposé à recevoir trois de ces enfants, leur amena, dès le 8 février 1855, la petite Mrasilla, avec deux de ses compagnes. Ce fut un jour de fête pour ces bonnes religieuses, mais plus grande encore aurait été leur joie, si elles avaient pu prévoir quel était le précieux trésor qu'on leur confiait.

Mrasilla pouvait avoir alors environ 8 ans. Elle se trouvait dans un état de santé bien digne de pitié lorsqu'elle arriva entre les mains des Sœurs. Son court séjour à Venise, puis à

Riva, avait contribué beaucoup à rétablir ses forces ; néanmoins, elle paraissait encore d'une complexion frêle et délicate, et souffrait de temps en temps des malaises qu'elle s'efforçait de dissimuler. Chez elle, en un mot, la chair était faible, mais l'esprit était prompt et fort. Ses deux compagnes semblaient un peu plus jeunes qu'elle, et l'une d'elles éprouva bientôt une grave infirmité ; le mal s'aggrava même tellement que, désespérant de ses jours, on lui administra le saint baptême.

Les deux premiers mois se passèrent à leur enseigner la langue italienne, la lecture, l'écriture, puis le travail manuel. On ne pouvait alors les entretenir que fort peu de religion ; il fallait attendre qu'elles comprissent la signification des mots, et l'on devait se borner à graver dans leur mémoire les principales prières, ainsi que les formules des mystères fondamentaux, pour leur en donner l'explication, au moment où leur intelligence, aidée par la connaissance de la langue, les rendrait susceptibles de la recevoir.

Il y avait, pourtant, parmi ces jeunes élèves, un esprit trop précoce et trop impatient pour se plier à tant de retards. Mrasilla ne pouvait apprendre de mémoire ce qu'elle ne comprenait pas ; elle entrevit bientôt que sous ces formes extérieures, sous le son de ces mots, qui lui étaient étrangers, il y avait des mystères qu'elle brûlait de découvrir, et elle fut d'autant plus

avide de connaître ce que son intelligence cherchait, qu'elle comprit sans retard combien son
cœur, sa félicité, sa véritable vie y étaient inté-
ressés. Qui aurait pu mettre un frein à cet esprit
qui se sentait si vivement entraîné vers une
vérité unique et suprême qu'il ne pouvait encore assez pénétrer? Aussi l'instruction ordinaire, qu'on lui donnait en commun avec les
autres, lui semblait-elle trop lente.

Douée d'une rare facilité à apprendre tout ce
qu'on lui enseignait, elle prenait les devants, et,
pour que ses compagnes ne retardassent pas la
marche de son instruction, elle se constitua leur
maîtresse, les aidant à surmonter les difficultés,
les encourageant, et les guidant avec toute la
patience et la douceur dont la nature l'avait
favorisée. Elle justifiait de cette manière la pri-
mauté que ses compagnes lui concédaient sur
elles. Sa modestie lui faisait envisager ce rang
comme accidentel, puisqu'elle était la plus âgée
des trois premières entrées au monastère. Mais
les religieuses s'aperçurent bientôt que ce rang
donné à Mrasilla, bien que dû au hasard, était
confirmé à bon droit par son mérite, et ses compagnes reconnurent, dans celle qui marchait à
leur tête, un modèle, un appui, un guide. Cependant, après les heures vouées à l'instruction, il
lui était pénible de prendre part à la récréation
commune. Elle aurait désiré se trouver toujours
à côté de sa maîtresse, parce que son esprit et

son cœur avaient un extrême besoin d'éclairer des doutes et d'adresser des questions. On se vit obligé de céder à ce désir ardent, et telle était la satisfaction qu'elle éprouvait de réfléchir aux vérités qu'on lui enseignait, qu'elle aurait volontiers passé toute sa journée dans ce pieux exercice de méditation.

Pendant qu'elle était à Constantinople, sa maîtresse, qui devait être une dame instruite, avait essayé, plus d'une fois, à l'initier à la croyance des musulmans; souvent on l'avait conduite dans leurs réunions superstitieuses; enfin, elle avait eu plusieurs occasions de s'instruire dans cette religion; mais, chose étonnante! jamais on n'avait pu l'amener à y appliquer son esprit. Toutes ces observances, ce genre de prière, la dépitaient, et, d'après son propre aveu, elle n'avait senti pour ce culte, que du mépris et une répugnance invincible. Tout ce qu'elle avait retenu de cette religion, quand elle arriva parmi nous, c'est que les Turcs font des prières, observent des jeûnes, mais jamais elle n'avait voulu ni prier ni jeûner avec eux. Parmi nous, au contraire, dès qu'elle put pénétrer quelque vérité religieuse, elle s'y adonna de tout son cœur, et ses maîtresses n'étaient jamais assez promptes à satisfaire ses besoins intellectuels; elle n'était jamais rassasiée d'apprendre, d'admirer, de méditer. Elle demanda bientôt si les chrétiens avaient des jeûnes, et, sur la réponse affirmative

qu'on lui fit, elle voulut s'y soumettre tout de
suite et rigoureusement. Il fallut une défense
expresse pour la retenir. Elle aurait aussi consacré des heures entières à la prière, sans
pouvoir se décider jamais à y mettre fin elle-
même.

Un soir, c'était le jeudi saint, on la conduisit
un peu tard à l'Eglise. On avait fermé la porte,
pour lui faire mieux voir le pieux appareil du
Saint Sépulcre. Cette vue l'émut extrêmement ;
cette solitude, ce silence, cette majesté et par-
dessus tout les tendres affections qui agitaient vivement son cœur dans cette sainte obscurité, lui
firent un tel plaisir qu'elle pria sa maîtresse de
l'y laisser veiller toute la nuit, et, comme on
lui répondit qu'il fallait se retirer pour prendre
du repos, elle répliqua : « Ma mère, elle aussi,
veillait quelquefois toute la nuit, pour danser. »

Pourquoi donc une toute jeune fille dénuée de
toute instruction, éprouve-t-elle tant de répugnance pour une religion, fausse, il est vrai,
mais qu'elle ne connaissait pas, tandis qu'elle se
montrera bientôt avide et empressée pour une
religion, la seule véritable sans doute, mais qui
lui était également inconnue? Serait-ce que cette
dernière lui apparaissait sous l'enveloppe d'une
langue étrangère, dont les paroles prononcées
d'un ton résolu, lui semblaient contenir un sens
mystérieux, tandis que la première, dépouillée
de ce prestige, lui aurait paru vile, dans une

langue commune et habituelle? Une pareille circonstance peut avoir quelque poids pour des gens accoutumés à céder facilement à l'ascendant de l'autorité, mais elle devait être sans influence sur un esprit encore indompté, tel que celui de Mrasilla, qui ne fléchissait jamais que devant sa propre conviction.

Dira-t-on que la raison de cette prompte adhésion de la jeune négresse à la croyance chrétienne se trouve en ce que celle-ci lui était annoncée au milieu des douceurs de la plus tendre charité? Oui, sans doute, la charité exerce un grand pouvoir sur l'intelligence, et l'homme n'embrassera jamais facilement une vérité quelconque, si le cœur n'y trouve aussi son compte ; mais la religion musulmane avait été aussi enseignée à Mrasilla sous l'influence de la tendresse, puisque celle qui voulait la lui inculquer était précisément la première personne en qui elle eût trouvé une réciprocité de sentiments affectueux, depuis qu'elle avait été séparée de sa famille.

Nous croyons donc que ce qui a attiré surtout cette heureuse enfant vers notre sainte croyance, c'est l'attraction, pour ainsi dire naturelle, qui existe entre les esprits droits, les cœurs purs et la vérité. Placés en face, ils ne peuvent s'empêcher de s'attirer mutuellement comme l'aimant et le fer, quand ils ne sont point séparés entre eux par un obstacle quelconque. Les premiers disciples du Sauveur le suivirent au premier appel, tandis que les pharisiens étaient sourds à sa voix et à ses avis réitérés ; la raison en est simple, les uns étaient simples et purs et les autres étaient fiers de leur prétendue science et assurément corrompus dans leurs cœurs. Aussi le divin Sauveur remerciait-il son Père céleste d'avoir caché la connaissance de la vérité aux sages et aux prudents du siècle et de l'avoir révélée uniquement aux petits, à ceux que le monde rejette et méconnaît.

Il nous est dit aussi, dans le saint Évangile, que le royaume des Cieux est semblable au levain qu'une femme pétrit avec trois mesures de farine, jusqu'à ce que le tout ait fermenté. Dès que ce levain eut été placé dans le cœur de Mrasilla, son esprit fut en fermentation. Elle était douée, avons-nous dit, d'un esprit solide, vif et pénétrant, mais plus encore d'un cœur ardent qui sentait un besoin irrésistible d'aimer. Sa condition d'esclave, où jamais elle n'avait rencontré un objet réellement digne de son amour, avait dû accroître encore dans son cœur ce besoin d'affection; aussi quand elle trouva, dans Olivieri et dans ses institutrices, des cœurs semblables au sien, elle sentit aussitôt pénétrer en elle un souffle de cette vie nouvelle à laquelle elle allait être initiée.

Les élans de sa gratitude furent d'autant plus vifs qu'ils étaient excités en elle uniquement par le sentiment intérieur de la grandeur du bienfait que l'on ressent d'être aimé. Rien de plus touchant que la tendre reconnaissance qu'elle éprouva jusqu'à la fin de ses jours envers son libérateur; souvent elle répétait son nom avec une affection et une joie incomparables.

Lorsque le voile de son ignorance fut déchiré, lorsqu'elle put mesurer du regard les mystères de notre foi, il se passa dans son intérieur quelque chose qu'il serait impossible de décrire. La pensée d'un Dieu, dont l'amour pour ses créatures est infini, et qui n'exige de nous que de correspondre fidèlement à ses bontés, la plongeait dans un si doux ravissement qu'on pouvait presque lire alors sur son front l'exclamation des trois apôtres sur le Thabor : « Oh ! qu'il est bon pour nous d'être ici ! »

Elle versait également des larmes de tendresse, en entendant dire qu'on aime Dieu quand on aime le prochain pour l'amour de Dieu. En vain essaierait-on d'exprimer la fougue des sentiments affectueux qu'elle faisait éclater à mesure qu'on lui déroulait ces notions. On aurait pu y voir les fruits d'une éducation chrétienne achevée, bien plutôt que les prémices d'une jeune catéchumène.

Quelle ne fut point aussi sa satisfaction quand elle entendit dire que notre religion nous commande de pardonner à nos ennemis et d'aimer ceux qui nous ont fait du mal! La pauvre Mrasilla en avait eu un si grand nombre ! Ce précepte, que tant de gens trouvent si gênant et même d'une pratique impossible, parut enlever à notre négresse un poids énorme qu'elle avait sur le cœur. Elle avait cru devoir, jusqu'alors, bannir de son affection ceux qui lui avaient fait tant de mal; mais cette exclusion, bien que peu raisonnée, lui paraissait accablante. Oh! malheureux cœur de l'homme ! tu es, sans doute, fait pour goûter les délices de l'amour divin, mais pourquoi donc es-tu si souvent l'esclave de passions qui, en t'éloignant de ce but, te mettent par là dans l'impossibilité de trouver une paix solide? Pourquoi ne te reposes-tu point sur le sein de celui pour qui seul tu as été créé?

L'instruction religieuse, qu'un prêtre avait déjà commencé à donner régulièrement et avec ordre à la jeune Môre, fut interrompue en juillet 1855, par une circonstance bien douloureuse. Le choléra venait d'éclater à Arco, et y faisait des ravages. Les prêtres étaient tous occupés à assister les victimes de l'épidémie et à fournir, à ceux qu'elle n'avait pas encore atteints, les consolations spirituelles qui inspirent du courage dans les périls communs. Les religieuses et les jeunes Môres furent presque entièrement oubliées. D'autres soins, d'autres sollicitudes préoccupaient tous les esprits. Cependant le monastère ne fut point visité par le fléau. L'œuvre de haute charité qui s'accomplissait dans son en-

10.

ceinte fut peut-être le bouclier qui le protégea, mais ce retard fut surtout pénible à Mrasilla qui voyait ainsi différer l'époque de cette régénération, après laquelle elle soupirait si ardemment.

La conviction où elle était de n'avoir pas l'âme pure et, par conséquent, de n'être pas agréable à Dieu, lui devenait insupportable, bien qu'on n'eût point négligé de l'instruire de l'efficacité du baptême de désir. Ses maîtresses surent néanmoins donner à cette ardeur une direction sage et heureuse. Elles lui firent sentir qu'il lui aurait été peu avantageux d'avoir purifié son âme, si elle n'avait pu ensuite la conserver dans sa candeur.

Elles ajoutèrent que Dieu lui avait accordé ce retard pour qu'elle s'accoutumât à vivre telle qu'elle devrait être après son baptême, c'est-à-dire, comme une colombe sans taches, pure de corps et d'esprit. Elle avait déjà bien compris, depuis le moment où les premiers rayons de la divine charité avaient pénétré dans son intelligence, que la connaissance de la vérité devait nécessairement entraîner la réforme des mœurs; que l'on doit servir le Dieu que l'on aime, et que le seul moyen de le servir et de l'aimer efficacement, c'est d'exécuter sa volonté. Aussi avait-elle étudié soigneusement la vie que menaient les premiers fidèles après leur baptême. Elle avait approfondi , avec l'étude des dogmes de la foi, celle des préceptes de la morale chrétienne.

Lorsqu'on l'avertit du danger où se trouve le chrétien régénéré, de perdre l'innocence que le sacrement lui a conféré, elle fut saisie tout à coup d'une si vive crainte pour elle-même, qu'elle fit dès lors le ferme propos de se corriger du moindre défaut avant d'être baptisée. Il y avait en elle peu de réformes à opérer ; son naturel si doux et si posé, la dure école des souffrances qu'elle dut supporter, l'avaient préservée de ces égarements qui, quelquefois, suscitent de si furieuses tempêtes au moment de la conversion. Cependant le manque d'éducation première, l'ignorance où elle avait vécu jusqu'alors, la faisaient tomber encore dans quelques fautes qu'elle ne pouvait ni tolérer ni se pardonner à elle-même.

Il était pourtant bien rare qu'elle se rendît coupable de rechute, car une fois avertie que telle action ne plaisait point au Seigneur, elle se faisait tant de violence pour ne plus y retomber, qu'elle réussissait ordinairement du premier coup à s'en corriger ; et, bien loin qu'elle s'endormît dans ses habitudes vicieuses, il y avait plutôt à craindre qu'elle ne tombât dans le défaut opposé, celui de devenir scrupuleuse à l'excès. Voilà pourquoi elle exerçait une continuelle vigilance sur ses actions, et ne cessait de demander à ses maîtresses si telle chose ou telle autre n'était point coupable ; et, comme auparavant, elle

les importunait par ses incessantes questions
en matière de foi, elle les ennuyait ensuite de la
même manière par ses scrupules relativement à
sa conduite.

Au reste, celui qui voudrait prendre à la lettre
ce terme d'*ennui*, prouverait qu'il ne comprend
pas le langage d'une mère qui qualifie souvent
ainsi l'innocent babil de ses enfants, tandis
qu'elle jouit elle-même intérieurement de ce ca-
quetage qui fait sa joie et son bonheur. Les religieuses du monastère d'Arco avaient un cœur
maternel pour leurs jeunes Môres. Celles qui
étaient spécialement chargées de leur éducation
jouissaient extrêmement à l'aspect du travail
admirable que la grâce opérait dans ces âmes,
et elles s'appliquaient sans relâche à entrer dans
les vues du Seigneur à cet égard et à seconder
son œuvre.

Dans ce but, elles levaient patiemment les
doutes de la bonne Mrasilla, la rassuraient sur
ses craintes, et calmaient ses inquiétudes, et tout
en cultivant sa précieuse délicatesse de conscience, elles veillaient soigneusement à la pré-
server, comme nous l'avons dit, du scrupule.
Elles l'éloignaient, autant qu'il leur était possible, de toute crainte frivole et mal fondée.

Le résultat correspondit parfaitement à leur
sollicitude. Le catéchiste, qui reprit ses fonctions, après la cessation du fléau, trouva que cette
interruption, loin d'avoir porté préjudice, avait

été, au contraire, grandement avantageuse aux jeunes négresses. Si Mrasilla avait été seule, on eût pu dès lors lui administrer le saint baptême ; mais on fut obligé de le différer pour compléter l'instruction de ses compagnes.

Cependant, les anciennes souffrances de Mrasilla se renouvelaient et devenaient plus poignantes. Elle ressentait de fortes douleurs à la poitrine; une toux opiniâtre et convulsive ne cessait de la tourmenter, et l'on remarqua bientôt, chez elle, une enflure qui ne lui permettait ni de rester étendue sur son lit, ni de demeurer assise.

Le médecin lui prescrivit de s'appliquer peu, de prendre plus d'exercice, et ce remède lui devint plus pénible que la maladie. Elle supportait en paix son mal, mais, ce qui l'affligeait le plus, c'était de ne pouvoir assister aux instructions qu'on leur donnait, et, lorsque quelque religieuse l'accompagnait dans le monastère pour la distraire et l'amuser, après avoir fait avec elle un petit tour de promenade, elle la suppliait de rentrer en disant : « Allons, allons écouter maman, qui, sans doute, parle de Dieu avec les autres jeunes Môres. » Elle se résignait facilement à la perte des conférences qui avaient pour but la culture de l'esprit, quel que fût, d'ailleurs, son désir de tout apprendre, mais l'étude de la religion la préoccupait sans cesse, et elle ne voulait jamais regagner son lit, qu'après que sa maîtresse lui avait raconté *quelque chose de beau.* Elle appelait *beau* tout ce qui concerne notre sainte croyance. Tout le reste lui semblait indigne de ce nom, et elle s'en souciait peu. *Là où est notre trésor,* a dit le Saint Évangile, *là est aussi notre cœur.*

Son mal s'aggravait toujours; ceux qui l'aimaient étaient loin d'être rassurés sur son compte. On se vit obligé de lui faire garder le lit, bien qu'elle trouvât cette prescription fort pénible. Elle ne s'y soumit qu'à la condition de pouvoir prendre part aux instructions religieuses que recevaient les autres, ce qui décida le prêtre à expliquer le catéchisme aux jeunes Mores auprès du lit de l'infirme qui paraissait alors ne plus ressentir ses douleurs. Survint un jour où l'on commença à trembler pour son existence, et il fut question de lui administrer le baptême sur son grabat; pourtant, elle ne le demandait pas, se contentant des dispositions que l'on prenait pour la splendeur de la cérémonie publique.

On pensait généralement qu'elle ne pourrait y prendre part, bien que la cérémonie dût avoir lieu dans l'église paroissiale, aux approches de la fête de la Toussaint, et qu'on se trouvât déjà alors vers la mi-octobre; mais, elle disait tranquillement qu'elle y interviendrait. Était-ce uniquement un ardent désir fondé sur une illusion de la jeunesse? On pourrait le croire. Il est de fait que, peu de jours avant le baptême, elle commença à se remettre ; son état s'améliora rapidement, et on ne put révoquer en doute qu'elle serait bien capable de supporter la longueur de la cérémonie.

Plusieurs médecins assurent qu'une volonté vigoureuse et persistante est d'un grand secours dans certaines maladies; ils font mention de quelques personnes qui ont survécu à de terribles infirmités, à des opérations très-dangereuses, par cela seul qu'elles ne voulaient pas mourir. Si pareille opinion a quelque fondement, il est certain que ce qui est arrivé à Mrasilla pourrait leur servir de preuve éclatante, mais la jeune Môre était loin de partager cette opinion. Elle a toujours, dans la suite, regardé cet événement comme une grâce céleste et toute particulière. Qui oserait la contredire ? Qui voudrait pénétrer les mystères de la divine Providence, dire jusqu'à quel point arrivent les forces de la nature, et prescrire des bornes à la puissance de Dieu ? Au reste, ces forces naturelles ne sont-elles pas elles-mêmes dirigées par la main du Seigneur ? N'en dispose-t-il pas pour la consolation et l'avantage de ses élus ?

Le jour de la consolation vint luire enfin pour Mrasilla, comme pour ses compagnes, et ce fut le 31 octobre 1855. Nous ne répéterons point ici ce que nous avons déjà dit, au début de cette notice, de l'éclat inaccoutumé de cette cérémonie. On donna le nom de Marie-Anne à Mrasilla qui était placée à la tête des trois autres nouvelles baptisées. Elles assistèrent, après le sermon, à la sainte messe, et reçurent, en même temps, la sainte Eucharistie. Elles avaient demandé cette grâce avec des prières si vives et si touchantes, qu'on n'avait aucun motif de la leur refuser. Parfaitement instruites de ce mystère d'amour, animées de la foi la plus vive, de la charité la plus ardente, à quelle époque auraient-elles été mieux disposées à recevoir l'agneau sans tache qu'au moment où elles étaient revêtues encore de la robe nuptiale? Assurément, elle venaient d'acquérir le droit d'être admises au banquet céleste.

On peut, d'après ce que nous avons dit de la pureté de cœur de Mrasilla, que nous appellerons désormais Marianne, imaginer quelle fut alors sa joie. Elle ne pouvait, elle-même, en rendre compte. Pourtant, parmi toutes les jeunes Môres récemment régénérées, c'était elle qui montrait le moins d'allégresse extérieure, et, il est bien étonnant qu'elle eût conquis, dans un âge si tendre, tant d'empire sur son esprit. Ses impressions les plus vives de joie et de douleur étaient concentrées en elle avec le plus grand soin ; elle ne les confiait à aucune personne étrangère, et il était presque impossible de s'apercevoir qu'elle les ressentait.

Elle ouvrait son intérieur avec une grande

simplicité à son catéchiste et à ses maîtresses, mais, sous le plus grand secret, et elle le faisait avec tant de clarté dans les idées, tant de justesse dans le jugement, qu'ils ne cessaient d'admirer les dons naturels dont cette jeune fille était ornée. On découvrait, par ces révélations, l'indicible bonté de son cœur; car, à n'en juger que par les apparences extérieures, on n'aurait jamais pu soupçonner en elle une telle richesse de sentiments.

Ayant entendu un jour, une religieuse proférer ces paroles: *secretum meum mihi*(1), elle se les appliqua constamment dès qu'elle en eut trouvé l'explication. Il arrivait quelquefois à ses compagnes de la surprendre les larmes aux yeux. Poussées par l'amour que tout le monde lui portait, elles s'empressaient de lui demander quelle était la cause de ces pleurs. Elle répondait en souriant selon sa coutume, mais avec cette douceur qui plaît et qui attendrit, lors même qu'elle accompagne un refus: *secretum meum mihi*. Habituées à une pareille réponse, ses compagnes n'insistaient pas, elles s'en allaient toutes chagrines, dans la persuasion que ses douleurs physiques et habituelles lui avaient arraché ces larmes contre son gré.

Peut-être, au contraire, coulaient-elles, en ce moment, par surabondance de ces consolations

(1) C'est mon secret que je veux conserver.

11

célestes qui lui faisaient oublier jusqu'aux plus vives souffrances corporelles. Personne ne le sut jamais, à l'exception des dépositaires de ses secrets, et, si vers la fin de ses jours, toutes les religieuses trouvaient leurs délices à l'assister et à lui tenir compagnie, c'était parce que ses forces épuisées ne lui permettaient plus d'exercer sur ses sentiments intérieurs une si continuelle violence. Les opérations de l'esprit étaient, dès lors, devenues trop actives pour qu'il lui fût possible de les tenir plus longtemps cachées. Au reste, si bien fermé que soit un vase qui contient des parfums exquis, il est bien difficile qu'il ne s'en exhale, enfin, quelque suave odeur.

Au jour de son baptême et de sa première communion, l'éclat inaccoutumé de ses yeux avait révélé aux assistants la profonde émotion de son cœur. Ce vif sentiment la fit ensuite éclater souvent en douces larmes devant le Seigneur, quand elle ne se croyait observée de personne. Ses désirs n'étaient pourtant pas entièrement satisfaits. Elle soupirait après une grâce que la maternelle bienveillance de l'Eglise lui réservait encore; mais pour recevoir les dons du Saint-Esprit, par l'imposition des mains de l'Evêque, il lui fallait faire le voyage de Trente, et celles qu'elle nommait avec tant de raison ses mères ou ses mamans semblaient peu disposées à lui permettre cette excursion,

Elle n'osait en faire positivement la demande; mais la charité a le don de prévenir les prières, et pendant que la pauvre Marianne hésitait à solliciter cette faveur, les mères avaient agité entre elles le projet d'envoyer toutes les jeunes Môres à Trente, pour qu'elles y reçussent le sacrement de la confirmation. L'exécution de ce projet rencontrait de grands obstacles : c'étaient la longueur de la route, les rigueurs de la saison, et surtout la santé si précaire, si vacillante de Marianne. Elle n'était point guérie; ses douleurs, loin d'avoir cessé, semblaient avoir repris momentanément un accroissement, qui provenait peut-être de l'énergie de son esprit; les feux qui embrasaient son cœur paraissaient seuls soutenir ce corps si fragile; ce fut, néanmoins, cette circonstance, en apparence défavorable à Marianne, qui gagna sa cause et remplit ses désirs.

Il n'était pas difficile de prévoir quel serait le terme de ses infirmités, et on ne pouvait se flatter qu'en différant ce voyage jusqu'au printemps suivant, elle serait plus en état de l'entreprendre. L'événement ne tarda pas à justifier ces craintes; on prit la résolution d'envoyer sur-le-champ ces jeunes filles à Trente, afin de ne pas différer pour elles la réception d'une si grande grâce. On voulait surtout ne point en priver celle qui la souhaitait plus ardemment que les autres, et qui, en la méritant davantage, en avait aussi un plus pressant besoin.

Les jeunes Môres partirent donc du monastère, le 5 novembre, étant accompagnées d'un prêtre, et le lendemain elles reçurent le sacrement de la confirmation dans la chapelle de monseigneur l'Evêque de Trente. Trois jours après, elles étaient de retour dans leur asile. Alors, Marianne était pleinement satisfaite; il ne lui restait plus qu'à mourir en paix, pour mettre en lieu de sûreté, dans le sein de son époux céleste, cette âme qu'il avait purifiée lui-même par tant de merveilles de miséricorde, de providence et d'amour.

Hélas! ses vœux ne s'accomplirent que trop tôt! elle ne séjourna, parmi ses bonnes maîtresses, que le temps nécessaire pour leur faire voir et admirer, comme un éclair qui brille et disparaît, toutes les richesses de la grâce dont elle était ornée, et leur laisser ensuite un plus grand regret de l'avoir perdue. Les événements, que nous allons encore retracer, révèleront à eux seuls l'usage qu'elle faisait des dons du Seigneur.

Elle passa l'hiver dans un état presque satisfaisant de santé. Elle n'était point tout à fait remise, mais on pouvait presque la considérer comme en état de convalescence. Elle assistait à la plus grande partie des instructions que l'on faisait aux autres, et, bien qu'elle ne pût s'appliquer beaucoup, son intelligence était si ouverte, qu'elle les laissait facilement bien loin derrière elle.

Elle dut bientôt cesser d'écrire, et ensuite, de se livrer au travail de la couture. Ces deux exercices redoublaient trop ses maux à la poitrine, et, par ordre du médecin, elle se promenait pendant ce temps-là dans le couvent, s'occupait à quelque travail peu sérieux, et tâchait de s'instruire par la lecture ; elle y trouva toujours un de ses plus grands plaisirs, surtout quand les livres lui touchaient le cœur, tout en ornant son esprit.

Elle ne manquait point, lorsqu'elle le pouvait, de se réunir à ses compagnes aux heures de récréation, non pour le plaisir qu'elle y goûtait, mais parce qu'il lui semblait que quelque chose manquait à leur amusement, si elle n'y prenait part, et c'est ce qui arrivait effectivement ; elle avait su si bien gagner l'affection de ses sœurs, que tout divertissement leur paraissait, en son absence, insipide ou moins récréatif.

Sa santé imposait à ses maîtresses la nécessité impérieuse d'avoir pour elle des égards particuliers. Tous ces priviléges n'empêchaient point qu'elle ne fût tendrement chérie de ses compagnes. Il n'est pourtant pas bien rare de voir naître, entre jeunes filles, un germe d'envie contre celle qu'elles regardent comme favorisée ; et, certes, le tableau de la maison du Turc, où Marianne avait été victime de l'envie de ses compagnes, suffit pour nous donner une idée de ce danger ; mais ici rien de tel n'était à craindre. Chez Marianne tout était paix, tout était affection, jamais

un reproche ne sortait de ses lèvres; elle était
incapable d'une impolitesse, jamais elle n'excitait l'émulation que par la grâce et la douceur de
ses manières. La bonté de son cœur, la gaîté
de son caractère et la sincérité de son amitié
faisaient bien vite oublier aux autres toute
préférence en sa faveur. Celles-ci, douées également
d'un excellent naturel, rivalisaient ensemble à qui lui prodiguerait, avec plus de cordialité et de tendresse, toutes les attentions qu'exigeait son malheureux état.

On ne pouvait s'empêcher d'éprouver une
douce émotion à la vue des procédés délicats dont
elles usaient entre elles, des nobles sentiments
qui leur étaient familiers, surtout si l'on se reportait à l'état grossier de leur origine, et si l'on
songeait au peu de temps consacré à leur éducation (1).

Mais il faut remarquer que le genre d'instruc-

(1) Bien des gens croient qu'il suffit pour ces pauvres
nègres d'une éducation religieuse simple et superficielle,
d'un traitement tout à fait vulgaire, correspondant à
leur indigence naturelle, et à leur état primitif de barbarie. A les entendre, la connaissance de la croyance
qu'ils doivent professer est une culture suffisante pour
leur esprit, de même qu'une nourriture grossière, un
travail fatigant est déjà leur partage. Pourquoi, ajoutent-ils, donner à ces étrangers une éducation plus soignée que celle donnée chez nous, aux enfants du peuple? Ils oublieront bientôt leur véritable condition,
deviendront orgueilleux, et leur culture intellectuelle ne

tion qu'elles recevaient au monastère d'Arco tendait principalement à consolider chaque jour davantage parmi elles les liens de la charité. Cette éducation n'était ni recherchée ni trop élevée pour elles, mais elle était pourtant complète pour la culture de l'esprit, du cœur et des forces phy-

sera pour eux qu'un sujet de peines puisqu'ils ne pourront jamais espérer de figurer dans une société civilisée.

A cela nous répondrons que les enfants dont il s'agit pourront bien un jour porter le flambeau de la civilisation dans leur patrie, et que, dès lors, il leur faut une certaine somme de connaissances pour les communiquer à leurs nationaux, et acquérir auprès d'eux quelque prestige; mais, de plus, il faut remarquer que les jeunes Mores nous arrivent au sortir de l'esclavage, de cet état d'avilissement, où ils se sont habitués à se considérer eux-mêmes comme des êtres misérables et presque méprisables, comme des choses privées de tout droit personnel, car c'est ainsi qu'ils ont été traités dès leurs plus tendres années. Il est donc nécessaire, pour leur culture morale, de les relever tout d'abord de cette dégradation, en excitant en eux des sentiments d'estime et de respect pour leur propre personne. Si l'on n'agit pas ainsi, on n'aura que des sauvages baptisés, des âmes esclaves dans des corps émancipés. Il est vrai que la religion chrétienne se prête beaucoup à cet enseignement, mais il ne suffit pas que ces enfants apprennent à se montrer nobles aux yeux de Dieu, il faut, de plus, qu'ils sachent que la société, bien loin de les dédaigner, les respectera, au contraire, et les honorera comme hommes, s'ils ont le sentiment de leur dignité; tant qu'ils se croiront vils, ils mépriseront cette religion qui leur accorde une noblesse que les hommes ne veulent

siques. On enseignait à ces infortunées Africaines
à se respecter elles-mêmes, en se voyant respec-
tées et bien traitées par les religieuses et par les
autres élèves. On leur apprenait non pas la recherche du bien-être et des aises de la vie, car ce
serait-là une aberration et une vraie dilapidation
de la charité, mais la pratique de l'amour fraternel, en leur mettant toujours sous les yeux
les leçons et les exemples de celui qui a dit :
« Apprenez de moi que je suis doux et humble
de cœur. »

Ce n'était donc point une merveille que les jeunes Môres pussent se civiliser si admirablement

pas reconnaître; ils se mépriseront eux-mêmes, et arri-
veront même à haïr tous les autres hommes, dans la
pensée qu'ils ne pourront jamais arriver à obtenir leur
estime. Il est donc indispensable que la société cultive
suffisamment ces pauvres créatures qui lui sont confiées ; qu'elle les élève et les rende capables de faire un
noble usage des dons que Dieu leur a départis. Au lieu
de les condamner au travail unique et fatigant du
corps, elle doit les placer dans la possibilité d'aspirer à
quelque chose de plus noble et de plus grand. Il faut,
en un mot, que la société en tendant les mains à ces
déshérités de la grande famille humaine, leur adresse
aussi ces deux mots puissants que saint Pierre adressait
à l'homme perclus : *Lève-toi et marche.* Mais en deman-
dant pour eux une instruction développée, nous suppo-
sons qu'elle sera toujours religieuse et basée sur la foi,
attendu que la science toute seule ne sert qu'à rendre
l'homme vain et orgueilleux et par suite coupable et
malheureux.

au milieu des délices incomparables de la plus
sainte affection; il n'était point non plus fort
étonnant qu'une semblable éducation produisît
de si rapides progrès dans un cœur tel que celui
de notre jeune Marianne.

A l'époque où elle gisait infirme sur son grabat, une religieuse la veillait pendant la nuit.
Or, il arriva une fois que celle-ci, étant sortie
un instant, la malade entendit gémir et sanglo-
ter une petite pensionnaire blanche, qui couchait
dans la même chambre. Toutes les autres Môres
étaient plongées dans un profond sommeil. Marianne n'eut le courage ni de les éveiller ni d'a-
bandonner celle qui poussait des gémissements.
Elle se traîne hors de son lit, se met à tâtonner
et va, en s'accrochant au lit de ses compagnes,
jusqu'à l'endroit où gisait la petite fille. Celle-
ci se plaint d'une douleur subite qui s'est déclarée
à une de ses jambes; voilà Marianne qui la frotte
le mieux qu'elle peut, et qui essaie de la consoler
avec une grâce tout enfantine, d'autant plus
belle, qu'elle est plus simple et plus naturelle,
de sorte que la religieuse, à son retour, trouve
l'infirme devenue infirmière (1).

(1) Qu'on dise, après avoir lu ce trait, si l'éducation
de cette pauvre enfant a été en pure perte pour la charité. Une âme encore avilie, quoique baptisée, aurait-
elle été capable d'une pareille action? Une telle générosité dans l'amour, n'est-elle pas une garantie contre le
prétendu danger de l'orgueil? Ce vice est toujours le

11.

L'hiver se passa sans accidents remarquables, mais au commencement du printemps, quand on avait la confiance que cette saison apporterait une amélioration sensible à la position de Marianne, tout espoir fut bientôt évanoui. La toux convulsive, qui l'avait tourmentée dans le courant de l'automne, se renouvela au point

fruit porté par une âme vile, tandis qu'un esprit cultivé, pourvu qu'il le soit à propos, fait toujours germer l'humilité dans sa propre élévation. Au reste, les jeunes Môres ne peuvent jamais oublier la bassesse de leur origine, ni les bienfaits qu'ils ont reçus. Ils portent une marque ineffaçable qu'ils ne peuvent cacher ni à eux-mêmes, ni aux autres, une marque qui leur rappellera sans cesse d'où ils viennent et d'où provient ce qu'ils possèdent, c'est-à-dire de la charité d'autrui. Oui, leur propre couleur les humilie assez, sans qu'on y ajoute l'humiliation de l'ignorance et du mépris. *Je ne suis qu'une pauvre négresse*, disait une Môre *et tout le monde se donne de la peine pour moi!...* et, en proférant ces mots, elle versait des larmes de tendresse et de reconnaissance, parce qu'elle voyait que tout le monde l'aimait, ce qu'elle croyait ne point mériter. De même que la bonté de Dieu humilie les sages qui sont obligés de reconnaître devant lui leur profond dénûment, ainsi les soins que l'on prend des pauvres enfants nègres, tout en les relevant, d'un côté, de leur avilissement, leur font connaître toujours davantage l'abjection profonde d'où ils ont été tirés, et combien ils seraient encore misérables si la charité de leurs bienfaiteurs, qui n'ont de commun avec eux, ni patrie, ni langue, ni condition, ni couleur, n'était venue puissamment à leur aide.

— 191 —

qu'elle menaçait de la suffoquer. L'enflure reparut, d'abord à la poitrine, ensuite au ventre, puis elle s'étendit peu à peu aux extrémités inférieures, et finit, enfin, par envahir les pieds et la tête. Le médecin, qui la visitait avec toute l'assiduité, le désintéressement et l'affection dont il était capable, ne négligea rien de tout ce qui aurait pu adoucir son mal; il fit appeler lui-même un autre docteur; ils mirent en œuvre toutes les ressources de leur art, mais ce fut inutilement.

Les remèdes qu'on lui administrait étaient ordinairement pour elle un tourment de plus; en voyant leur inefficacité, elle avait pour habitude de dire : « Il me faut des prières, non des médecines. » Elle ne rejetait pourtant aucun médicament quelque désagréable qu'il fût, pourvu qu'on l'excitât par quelque pensée religieuse; aussi suffisait-il à sa maîtresse de lui répéter ces paroles : « Pour l'amour de Dieu; » et aussitôt elle était parfaitement résignée à tout essayer. Il y avait néanmoins une chose à laquelle elle semblait ne pouvoir se soumettre paisiblement, c'était de subir les investigations des médecins, sur son corps virginal. Cette peine extrême ne provenait pas chez elle d'une conscience fausse ou trop timorée, car elle avait assez de jugement pour être tranquille à ce sujet, mais elle y répugnait par un sentiment fort délicat de modestie et de sainte pudeur.

Quelques semaines s'écoulèrent; mais l'état de la malade ne subissait aucune amélioration, et il lui devenait de nouveau insupportable de rester étendue sur son lit, ce qui obligea à lui permettre de se lever. C'était un double soulagement pour la pauvre Marianne, car ce changement de position procurait quelque adoucissement à ses souffrances, et de plus, elle pouvait, par là, trouver une occupation tout à fait conforme aux désirs de son cœur. Elle se faisait conduire au chœur des religieuses, et là, seule, le plus souvent assise, mais aussi parfois agenouillée, elle passait de longues heures à s'entretenir, avec celui qui était l'unique objet de son amour. Quels moments suaves ne passait-elle pas dans ce saint lieu! Celui-là seul le sait, qui versait dans cette belle âme ses consolations les plus douces.

Elle assistait aux instructions, aux occupations, aux amusements de ses compagnes ; car, bien qu'infirme, elle était toujours, par sa gaieté et son enjouement , l'âme de l'escouade des jeunes négresses. Elles cherchèrent aussi à l'avoir dans le cloître et au jardin, pendant leurs récréations, et finirent par y réussir.

Un généreux bienfaiteur, qui avait pour ces enfants la tendresse d'un père, leur avait fait entre autres dons, un cadeau fort précieux. C'était un petit char léger, travaillé avec soin, qui devait servir d'exercice gymnastique aux plus petites, en le tirant. Il devenait, en même temps, pour les plus grandes un moyen commode de transport, si elles avaient quelque chose à changer de place dans le jardin.

Il arriva donc que les compagnes de Marianne voulurent, un jour, la faire asseoir sur ce char, pour avoir la satisfaction de s'y atteler, ce qui lui plut assez; ce fut pour lors un amusement bien simple, mais qui devint, par la suite, d'une nécessité impérieuse, parce que son mal s'aggravant toujours, ne lui laissait plus ni repos ni paix nulle part. On ne vit d'autre soulagement à lui offrir que de la placer sur le chariot, et de la conduire ainsi dans les corridors et les salles du rez-de-chaussée ou dans les allées du jardin.

Il était facile de remarquer que ses maux semblaient suspendus pendant que le char roulait, tandis qu'ils se renouvelaient aussitôt que le mouvement cessait; bientôt, elle passa toute la journée à demi couchée sur le char, et la nuit étendue sur un fauteuil. Ses compagnes faisaient leurs délices de lui prouver leur affection en le traînant, et lorsqu'elles étaient fatiguées, les religieuses, de leur côté, rivalisaient d'empressement pour prendre leur place. De même que le Seigneur semblait vouloir éprouver au dernier point la patience de l'infirme, il paraissait également devoir soumettre aux plus difficiles épreuves la charité de celles qui la soignaient;

mais ni la patience de l'une ni l'affection des autres ne se rebutèrent jamais. L'enflure de Marianne s'était tellement développée que le volume et le poids de son corps étaient devenus incroyables; il lui était impossible de se tenir sur ses pieds, et il fallait que deux religieuses robustes la portassent chaque matin entre leurs bras; qu'elles descendissent les escaliers avec ce lourd fardeau et parvinssent à le mettre sur le char. Tous les soirs il fallait la reporter à l'étage supérieur. Ses jeunes compagnes étaient désormais dans l'impossibilité de lui rendre le moindre service, excepté celui de la traîner; mais elle devint même, à la fin, si difforme et si pesante qu'elles ne pouvaient plus y suffire. Les religieuses s'en chargèrent elles-mêmes; elles traînaient, pendant des heures entières, ce fardeau que la charité rendait léger. Elles se plaçaient tour à tour sous ce joug que l'amour divin faisait pour elles fort suave.

Il fallait aussi veiller l'infirme toute la nuit, et les bonnes sœurs se relevaient à l'envi pour remplir ce devoir. Il est vrai que la société de Marianne devenait si délicieuse pour elles, que chacune avouait avoir passé une nuit fort agréable; mais c'était précisément parce qu'une charité mutuelle unissait tous les cœurs, que les suavités intérieures de la pauvre malade se répandaient avec tant de profusion dans le sein de celles qui lui prodiguaient leurs soins. La charité chrétienne trouve toujours en elle-même son aliment et sa récompense.

La main du Seigneur semblait donc s'appesantir sur le corps de Marianne; mais, d'autre part, elle répandait avec une profusion toujours plus grande des faveurs et des consolations sur son esprit. Depuis son baptême, la présence de Dieu lui était tellement familière, il lui était devenu si facile de converser avec lui dans les replis de son cœur, qu'elle pouvait passer plusieurs heures de suite, dans un entretien affectueux avec celui qui était l'unique objet de son espérance et de son amour.

Elle ne le perdait jamais de vue, et lorsqu'elle parlait confidentiellement avec quelqu'une de ses compagnes, elle lui recommandait toujours d'avoir grand soin de s'accoutumer à tenir son cœur bien uni avec Dieu. Etait-ce là de sa part une vertu? Oui, sans doute; mais une vertu provoquée par une surabondance de grâce; car le Seigneur lui-même devait trouver ses délices à se communiquer de plus en plus à une âme si pure. Cette oraison si fréquente qui était le bouclier le plus sûr de son innocence, en formait aussi le plus brillant ornement. La candeur de cette âme semblait se réfléchir sur le visage si noir qui lui servait d'écorce et d'enveloppe..

La beauté de l'innocence a tant d'éclat qu'elle ne peut rester cachée, elle ranime tout ce qui l'environne; les plus pervers eux-mêmes se sentent

entraînés à son seul aspect ; ils sont contraints
de la respecter et de pousser vers elle un soupir
d'admiration. L'innocence est. fille du ciel ; tout
le monde la reconnaît pour telle, mais pourquoi
ne la conserve-t-on pas avec tout le soin que demande sa céleste origine ? Heureuse notre infirme qui parvint à la garder intacte ; mais ce
fut en vivant dans l'appréhension continuelle de
l'avoir perdue. Aussi, soupirait-elle toujours après
le moment où elle déposerait l'aveu de ses fautes,
aux pieds de son confesseur. Si quelqu'un témoi-
gne de la surprise de voir une âme si pure sentir
le besoin de s'approcher si fréquemment du sacrement de réconciliation, nous lui dirons que c'est
là le privilége des saints. Ils voient si clairement, à la lumière de Dieu, l'infinie malice du
péché, qu'ils redoutent extrêmement de l'avoir
commis. Saint Louis de Gonzague, dont tout le
monde connaît les péchés, se confessait tous les
huit jours, et saint Charles Borromée tous les
jours.

Oui, sans doute, il n'appartient qu'à l'innocence de trembler à l'apparence de la moindre
tache. Il n'est donc point surprenant que notre
infirme trouvât toujours en elle un motif de s'hu-
milier devant le Seigneur et de se croire coupable ; à chaque instant, elle demandait pardon à
ses maîtresses, tantôt pour avoir éprouvé de la
répugnance à avaler une médecine dégoûtante,
ce qu'elle traitait de délicatesse excessive, tantôt

pour avoir poussé, au moment de la plus vive douleur, quelque gémissement, ou laissé couler quelques larmes, ce qu'elle condamnait comme un manque de résignation, ou enfin parce que, dans ses plaintes, elle avait parlé à ses compagnes avec moins de bonne grâce, et sans leur sourire comme d'habitude. Voilà ce qu'elle se reprochait, comme un manque de douceur et une violation manifeste de la charité. N'est-il pas naturel qu'une pareille âme fît les délices de ceux qui étaient à ses côtés ? Doit-on s'étonner que le plus suave contentement brillât ordinairement sur son front ?

Oh ! sans doute, heureux et mille fois heureux ceux qui ont le cœur pur !

Cette gaieté habituelle de l'esprit était le phénomène le plus surprenant, le plus caractéristique qu'on remarquât en elle. Son confesseur ne s'en approcha jamais sans voir le sourire errer sur ses lèvres, à l'exception toutefois du jour où elle rendit le dernier soupir. Bien souvent ses compagnes restaient muettes de compassion en la voyant souffrir si cruellement, et n'osaient lui adresser la parole, mais aussitôt qu'elle s'en apercevait, elle s'efforçait de provoquer la première leur bonne humeur et leur gaieté. Elle plaisantait volontiers, si souffrante qu'elle fût, et ses discours étaient toujours assaisonnés de tant d'enjouement, mais, en même temps, de bonhomie et de gravité, qu'on ne l'aurait jamais crue sous le poids de tant d'infirmités, si son enflure démesurée n'en eût fait foi.

C'est ainsi qu'elle passait des jours sereins dans la situation la plus navrante, lorsque, vers le terme de sa vie, un orage violent vint, tout à coup, troubler cette paix d'une manière bien douloureuse, orage suscité par la bonté même de son cœur, comme si l'ennemi de tout bien, voulant tirer vengeance de cette inaltérable bonté, se fût servi contre elle des mêmes armes qu'elle employait pour le terrasser. La foi et la piété filiale furent les moyens qu'il mit en usage pour tourmenter cette âme privilégiée. L'idée du sort malheureux de son père se présenta une fois si vivement à son imagination, pendant la nuit, qu'elle poussa subitement un grand cri, comme si elle l'eût vu. Les bonnes mères accourues à ce cri de détresse eurent beaucoup de peine à en comprendre le motif, et cherchèrent à la calmer, mais elle était inconsolable; des larmes amères inondaient ses joues, et ses pleurs ne finirent que pour faire place à des convulsions violentes, pendant lesquelles elle ne cessait de répéter avec de plaintifs gémissements : « Ah ! papa ! cher papa ! »

Ce spectacle navrait le cœur de tous ceux qui étaient survenus; enfin, vers la pointe du jour, grâce à la prière et à une humble soumission aux jugements impénétrables de Dieu, cette tempête parvint à se calmer un peu, mais non

pou... ...nt sans souffler encore de temps en temps,
jusqu'à ce que, au bout de quelques jours, le
Seigneur, attendri par ses pleurs et ses gémissements, sembla se réveiller et commander aux
vents et à la mer de s'apaiser.

Les âmes les plus innocentes ont donc aussi
leur tribut à payer dans cette misérable vallée
de larmes ; elles ont aussi à supporter les fureurs
de cet ennemi qui ne peut se flatter d'exercer
aucun droit sur elles. Tel fut le sort de Marianne ; la piété filiale, qui avait toujours été
pour elle le sentiment le plus vif, le plus ineffaçable, puisque c'était là, pour ainsi dire, l'unique
lueur qui l'eût guidée à travers les longues
ténèbres de son ignorance, cette piété dont elle
était si fière, quand elle la trouva sanctifiée par
un précepte divin qui lui promettait une
récompense dans une autre vie ; la piété filiale
devait donc être précisément le supplice réservé
à une si belle âme ? O ! profondeur des trésors
de la sagesse et de la science de Dieu ! que vos
jugements sont incompréhensibles aux faibles
regards de l'homme.

Quand on fut arrivé au mois d'août, une nouvelle affliction, mais d'un autre genre, vint peser
sur le cœur de notre pauvre Marianne. Jusqu'a-
lors, dans le cours de la maladie, ses plus grandes
délices avaient été de recevoir le plus fréquemment possible la sainte Eucharistie ; elle semblait
se ranimer à l'approche de ces jours de bon-

heur. Durant la nuit qui les précédait, elle demandait anxieusement à la réligieuse qui la veillait, si elle pouvait encore boire, craignant toujours que la soif, qui la dévorait, ne lui fît
rompre son jeûne, mais aussitôt que minuit
avait sonné, la soif qui la poussait vers son unique bien, était si grande, qu'elle lui faisait oublier entièrement celle du corps. Elle ne s'en
plaignait jamais, et cependant elle était forcée,
dans le cours des autres nuits, de boire à de
courts intervalles pour éteindre la chaleur qui
la consumait.

Lorsque arrivait l'heure de la messe, les religieuses la portaient au lieu ordinaire de la communion, et, au moment donné, elle s'approchait elle-même du petit guichet, toute seule,
sans appui, excepté dans le dernier mois, où
deux personnes venaient la soutenir. Ainsi fit-
elle pendant toute la période de sa maladie. Elle
aurait voulu que cette faveur se renouvelât fort
souvent, et volontiers à ce prix, elle eût toléré,
pendant toutes les nuits, le supplice de la soif;
mais, toutefois, elle souffrait tellement de ses brûlantes ardeurs, que la discrétion et la prudence
de ses maîtresses se voyaient contraintes de réprimer un si grand empressement; et cependant
leur cœur saignait de devoir refuser, pendant
plusieurs jours, une telle grâce à une âme toute
enflammée du divin amour.

Le moment arriva où elle fut réduite à ne pouvoir plus jeûner. Inutile de dire combien elle s'en affligeait. Cependant, toujours humble et résignée, elle supporta aussi cette mortification qui lui venait des mains de Dieu; elle lui offrait, en compensation, ses désirs les plus ardents; mais elle ne put s'empêcher de saluer d'avance, et en versant des larmes de joie, la fête de l'Assomption de la T. S. Vierge, qui approchait.

L'idée d'être privée de la grâce de la communion, en ce jour solennel où elle savait que ses compagnes participeraient à la table sainte, était pour elle d'un poids insupportable; fort heureusement, son état avait assez empiré pour qu'elle pût être dispensée du jeûne. Le médecin avait même déclaré qu'on ferait bien de lui administrer, par mesure de prudence, le saint viatique. Son confesseur lui dit, la veille de la fête, de se disposer à recevoir le lendemain la sainte communion, ce qui pourrait avoir lieu sans qu'elle fût à jeûn. On ne pouvait annoncer à la pieuse fille une nouvelle plus consolante, et la joie de recevoir ce sacrement d'amour, lui fit oublier que cette faveur lui était accordée uniquement à cause de sa fin prochaine.

Le jour de la fête, elle voulut être portée à la place ordinaire de la communion, et là, au milieu des religieuses qui la soutenaient, et de ses jeunes compagnes qui communièrent également, elle reçut le saint viatique. Une seule pen-

sée la dominait, celle de s'unir étroitement à son
divin époux sur la terre, en attendant qu'il lui
fût permis d'être unie tout à fait à lui dans le
ciel.

Les jours qui suivirent furent bien pénibles; il
semblait à tout le monde que l'état de Marianne
devait lui être insupportable. Elle seule était
gaie; si on lui demandait comment elle se trouvait : « Bien, » répondait-elle, avec le sourire sur
les lèvres.

Dans les violents accès de toux, qui la tour-
mentaientfort, elle redoutait de perdre patience,
mais bientôt elle se reprochait même cette
crainte, et priait Dieu de la laisser encore souffrir ici-bas, car il lui semblait que le poids de sa
croix était insuffisant pour lui mériter le ciel.

Elle passait, avons-nous dit, la journée sur
son char, où elle sommeillait quelque peu pendant qu'on la traînait, mais la nuit s'écoulait
tout entière dans l'insomnie, sur son fauteuil.
Elle y trouvait trois sortes de soulagements.

Le premier était de s'entretenir de choses spirituelles avec la sœur qui la veillait. Il paraissait
impossible que son esprit eût pu conserver un
peu de repos et d'activité, au milieu de tant de
peines et d'accablement, et pourtant elle avait
toujours quelque chose à demander sur les vérités de la religion. Elle faisait des observations
si justes, et exprimait des sentiments si affectueux, qu'on en était dans le plus vif étonnement.

Dans ses moments de fatigue, elle se faisait raconter la vie de quelque saint, mais, comme on ne pouvait faire la conversation toute la nuit, elle avait recours à sa seconde distraction, qui était la musique.

A l'époque où sa santé était encore assez bonne, on lui avait fait cadeau d'un de ces instruments, qui, au moyen de quelques légères feuilles de métal, mises en mouvement par un cylindre denté que fait tourner un ressort, produisent l'harmonie délicate de quelque morceau de musique, et, lorsque son infirmière était lasse de parler, elle lui faisait monter cette serinette dont elle écoutait en silence les sons pendant des heures entières, ayant soin de la faire remonter de nouveau dès qu'elle s'arrêtait. Toute autre se fût ennuyée d'entendre continuellement la répétition des mêmes airs, mais il n'en était point ainsi de Marianne qui retrouvait, sous ces notes, la voix d'un ami invisible. Cette harmonie l'aidait à élever son esprit vers Dieu ; c'était pour elle un doux plaisir, et souvent après un long silence, durant lequel elle balançait sans cesse la tête, comme pour accompagner les temps et la mesure, elle répondait avec une touchante bonté à ceux qui lui demandaient à quoi elle pensait : « Je songe au Paradis. »

En dernier lieu, elle voulait joindre le travail des mains à celui de l'esprit et du cœur. Les religieuses lui donnaient tous les soirs des vieux linges qu'elle effilait soigneusement durant la nuit; dès le matin, elle envoyait aux hôpitaux cette charpie qui devait servir à panser les plaies des pauvres infirmes. Ces haillons, effilés de sa main, sont une leçon pour nous; c'est un baume salutaire destiné bien plutôt à soulager le cœur de ceux qui pleurent, qu'à guérir leurs plaies corporelles; la personne chargée de porter la première fois à l'hôpital ce produit du travail nocturne d'une mourante, ne put s'empêcher de verser des larmes de la plus douce émotion.

O charité! ô suave consolation de celui qui donne comme de celui qui reçoit! fille aimable du Seigneur, émule de ses œuvres! toi qui, pour soulager les misères des infortunés, trouves le moyen de te servir d'autres malheureux, toi qui choisis souvent les instruments les plus dédaignés et les plus faibles pour confondre la dureté de cœur du riche orgueilleux, je te salue, ô charité bénie! Tu t'assieds au chevet de la souffrance et, tout en excitant son cœur au soulagement d'autres infortunes égales à la sienne, tu lui épargnes l'ennui des longues veilles, et tu répands dans son sein de célestes suavités; c'est toi qui guides à la bienfaisance la main décharnée et tremblante d'une jeune moribonde; c'est ton industrie qui enseigne à celle qui ne possède rien au monde le secret de donner. Tu ne laisses point passer inaperçue l'obole de la veuve, et tu rémunères largement la goutte d'eau donnée au pauvre au nom du Seigneur, mais tu comptes avec un soin égal les fils de cette charpie, et il n'y en a pas un seul d'oublié. Tu changes ces lambeaux en trésors impérissables que le ver ne peut ronger, et qui sont à l'abri de la rapacité du voleur.

Et toi, jeune négresse, toi qui, après avoir vécu de la charité d'autrui, as trouvé le moyen de faire du bien à tes semblables, ne pleure point sur ton indigence ; cette poignée de charpie que tu as effilée servira un jour de condamnation à beaucoup de richesses entassées par l'avarice, et dispersées follement par l'orgueil et la volupté.

Le 20 août, Marianne se sentant exténuée, demanda à son confesseur, qui était venu la voir, quelque consolation spirituelle, car elle craignait de manquer de courage, au milieu des tourments qu'elle endurait. L'homme de Dieu, qui souhaitait précisément qu'elle fît cette ouverture, lui répondit aussitôt qu'il y avait dans les trésors de l'Eglise une source de grâces réservées aux infirmités graves, et que cette source était l'Extrême Onction. La malade demanda à y puiser, et son désir fut aussitôt exaucé. Après s'être confessée, elle reçut ce sacrement des mourants, avec toute la dévotion dont elle était capable, en répondant elle-même aux prières du prêtre. On n'apercevait pas encore de symptôme d'agonie, mais, on craignait toujours qu'elle ne fût suffoquée par un accès de toux; son épuisement était extrême, et son enflure inimaginable.

Le lendemain, son confesseur la retrouva sur son char, au milieu du réfectoire des pensionnaires, et lui dit, en voyant encore la gaieté rayonner sur son visage: «Ah! tu veux donc monter en paradis sur ton chariot?» Non mon père, répondit-elle, le char ne passe pas; il suffit bien que Marianne passe.» Elle dit ensuite: «Faites-moi la charité de me confesser.» Le prêtre répliqua: «Oui, sur ton char, comme les blessés au champ de bataille.» Elle n'ajouta pas un mot, mais une légère contraction de visage, qui passa aussi rapidement que l'éclair, et une teinte de sourire amer parurent révéler en elle une pensée mélancolique. Qui sait si ces paroles innocentes ne blessèrent point son cœur, en lui rappelant son père! tant il est vrai qu'on n'est jamais assez prudent dans ses discours, surtout auprès des malades.

Après avoir terminé sa confession, elle tourna un regard douloureux, mais expressif, vers le ministre du Seigneur qu'elle remerciait, et celui-ci qui avait l'habitude de lire dans ses yeux les sentiments intimes de son âme. « Que penses-tu? lui dit-il, voudrais-tu t'approcher encore une fois de la table sainte? «Ah! dit-elle, en poussant un profond soupir, je ne peux plus me faire porter à l'église, je ne suis plus en état! » et, à ces mots, ses yeux étaient gros de larmes. Le confes-

seur songeait déjà à consoler cette âme en lui
portant le saint viatique à l'endroit même où elle
se trouvait, lorsqu'une des religieuses, s'étant
approchée, lui dit : « Écoute, Marianne, si le char
ne passe pas en Paradis, ne pourrait-il pas, au
moins, passer jusqu'à l'église? »

Ces mots retentirent au fond du cœur de l'infirme, comme un cri de salut aux oreilles de
celui qui a perdu tout espoir. « Oh oui ! » s'écria-
t-elle, et ses paupières se dilatèrent tout à coup
avec une telle expression de joie, que tous ceux
qui étaient présents se mirent à pleurer en même
temps d'émotion. Alors on traîna lentement le
char à travers de longs corridors, jusqu'à la sa-
cristie intérieure du monastère, et, de là, on le
poussa jusqu'à la petite porte qui introduit à
l'église, où elle eut, pour la dernière fois, la satisfaction de recevoir le pain des Anges.

Après avoir fait son action de grâces, elle passa
toute la journée dans des transports d'allégresse
qui ne lui étaient pas ordinaires. Bien qu'elle ne
parlât pas de sa mort, elle semblait vouloir
prendre congé de tout le monde, et consoler
d'avance les autres de sa perte, sans se douter
que c'était, au contraire, le moyen de la rendre
plus sensible. Le jour suivant, qui était un samedi, elle se sentit continuellement oppressée,
sans qu'il y eût pourtant de changement notable,
mais, dans la nuit qui précéda le dimanche, elle
fut saisie d'un si profond abattement qu'elle per-

dit connaissance pendant un certain temps. Elle la reprit à la pointe du jour, mais resta dans un tel état d'affaissement, qu'elle avait grand'peine à prononcer quelques mots. Son confesseur appelé de nouveau, lui demanda comment elle se trouvait : « Mal » répondit-elle pour la première fois de sa vie.

Elle demanda, à plusieurs reprises, dans la matinée, d'être replacée sur son char, mais personne n'osa la contenter, dans la crainte qu'elle ne rendît le dernier soupir pendant qu'on l'y transporterait. Cependant, vers onze heures, comme elle renouvelait ses instances et qu'elle ne trouvait plus un moment de repos, on se vit obligé de lui complaire.

Une fois placée sur le char, elle sembla respirer plus à son aise pendant qu'il roulait, mais une heure après environ, elle le fit arrêter et, se tournant vers sa maîtresse, elle lui dit: « Maman, je me trouve mal, » et à ces mots, sa tête s'affaissa en arrière. Elle expira, donnant à peine le temps de réciter à son intention les prières des agonisants. Ce fut donc le dimanche où l'on célébrait la fête des saints Anges gardiens, envers lesquels elle avait toujours eu une dévotion spéciale, qu'elle s'éleva de son char pour aller jouir de leur société.

Toute réflexion est inutile après le récit d'une vie semblable. On lui fit des funérailles honorables, avant de confier à la terre son petit corps si

maltraité; mais les larmes des autres jeunes
Môres, ainsi que les regrets des religieuses elles-
mêmes, autour de cette tombe, attestèrent suffisamment quel était le mérite de celle dont on
déplore encore aujourd'hui la perte (1).

(1) Nous ne pouvons, pour le moment, joindre ici l'o-
raison funèbre d'Olivieri et les lettres que nous avons an-
noncées plus haut. Mais nous donnerons, au moins, quelques détails sur l'œuvre actuelle de M. l'abbé Comboni, la
Régénération de l'Afrique centrale, et sur le séjour qu'il
a fait lui-même dans cette contrée.
La mission de l'Afrique centrale, érigée dès 1846 par
Grégoire XVI. est comprise entre les États barbaresques
au nord; la Nubie, l'Abyssinie à l'est; la ligne équato-
riale, les Guinées, le Dahomey au sud; la Sénégambie
à l'ouest. On en a détaché récemment une partie au nord-
ouest pour en faire le vicariat apostolique du Sahara,
confié à Mgr d'Alger. En 1818, une quarantaine de prêtres allemands ou italiens partaient pour cette mission
du centre de l'Afrique et parvenaient à y fonder quatre
stations importantes dont la plus rapprochée de nous
était celle de Khartoum, la seule qui subsiste encore. Sur
ces 40 missionnaires, 32 ont succombé aux fatigues de
la mission. M. Comboni, l'un des survivants, a publié
et mis déjà à exécution un nouveau système d'apostolat
pour l'Afrique centrale. Son plan, accepté comme le plus
opportun par le Saint-Siége et par un grand nombre
d'hommes fort compétents en la matière, consiste à
attirer les naturels sur les côtes, et à les y élever chré-
tiennement pour les renvoyer ensuite dans l'intérieur
comme colons ou missionnaires. Déjà, M. l'abbé Comboni
possède au Caire deux instituts de ce genre, qui lui
donnent les plus heureux résultats. Il espère, avec le
secours de prêtres séculiers et de congrégations religieuses, pouvoir en fonder successivement d'autres sur
les bords du Nil et jusque dans l'intérieur. Ce zélé missionnaire a pu, avec ses premiers coopérateurs, arriver

jusqu'au 4ᵉ dégré de latitude nord, là où n'avaient jamais pénétré d'autres Européens.

C'est à tort, dit-il, qu'on se représente le centre de
l'Afrique comme tout à fait désert et dépeuplé. Assurément, le nombre des habitants n'y répond point à l'étendue du terrain, mais on y trouve, néanmoins, une
infinité de tribus dont plusieurs comptent leurs sujets par
millions. Le sol appartient toujours au premier occu-
pant. Les richesses consistent en troupeaux de bœufs,
de moutons, etc. Les chefs n'exercent guère leur autorité
que pendant la guerre ; le reste du temps, chaque
famille vit à part et à peu près indépendante. Les hommes ne sortent jamais de leurs cabanes sans être armés
de flèches empoisonnées. Il faut au missionnaire beaucoup de prudence et de douceur pour être reçu dans les
tribus, mais les naturels ont pour lui un très-vif atta-
chement dès qu'ils ont pu se convaincre de ses bonnes
intentions à leur égard. Il doit, tout en travaillant à la
conversion des âmes, s'occuper aussi de la guérison des
corps. Il y a, chez les Africains du centre, des hommes
nommés *tiels* qui sont à la fois prêtres, médecins, sor-
ciers, etc. On les appelle auprès des malades et ils pronon-
cent en dernier ressort s'ils guériront ou non ; dans le
premier cas, on les soigne, dans le second, on les aban-
donne. M. Comboni s'était acquis une grande influence
en rendant la santé à la plupart de ceux que les *tiels*
avaient condamnés. On voulait même une fois lui faire
accepter la royauté d'une vaste tribu. Parmi les chefs,
il y en a toujours un qui est le roi de la pluie. Il est
censé être le maître absolu du temps. Il doit faire
arriver la pluie au gré des habitants ; si elle lui est
rebelle, on le menace, on le frappe et même on le tue en
lui ouvrant le ventre au côté droit où l'on suppose que
réside sa puissance.

Dans les tribus, où n'a point encore pénétré le maho-
métisme, les mœurs sont en général fort pures. Les
habitants du centre vivent dans une nudité complète ;
ils pratiquent la polygamie et l'esclavage ; toutefois, ils
ne montrent point une répugnance invincible à modifier
sur ces points leurs usages. Pour la religion, ils sont
idolâtres et livrés au fétichisme ils ont l'idée d'un Dieu

suprême, mais ils ne l'adorent point et font des sacrifices au seul principe mauvais, pour conjurer les maux
dont il peut les accabler. M. Comboni et ses coopérateurs
n'ont trouvé là aucune trace de christianisme, mais, au
contraire, beaucoup de traditions de la genèse et de l'ancien testament. Le mot par lequel ils désignent la divinité
signifie aussi grande pluie parce qu'elle est pour eux un
bienfait signalé. Tous ces peuples n'appartiennent point
à la race nègre. On en voit qui sont bruns ou marrons,
d'autres qui ont la couleur du sang; quelques-uns
portent une longue chevelure qui leur sert de vête-
ment.

Il existe parmi eux presque autant de langues que de
tribus. Elles ne dérivent point de l'arabe, mais ont
entre elles des différences essentielles, dont on peut
s'assurer surtout en comparant les divers noms donnés
aux nombres jusque mille. M. Comboni et ses compagnons
ont pu faire la grammaire et le dictionnaire de la langue
des Achem qui est la plus répandue dans le centre. On
croit que ces contrées sont entièrement privées de végé-
tation. Il n'en est rien. Après qu'on a traversé le désert,
appelé autrefois Lybie, qui va du Maroc jusqu'en Nubie,
on trouve un vaste plateau, plus élevé au milieu. Il est
divisé, presque régulièrement, en bandes de terrain qui,
sur une largeur de un ou plusieurs kilomètres, vont
du nord au midi sur une longueur démesurée. Après
une bande de terre meuble et cultivable, en vient une
autre de bois d'ébène, puis une troisième de tamarins ou
de boabab et ainsi de suite de l'est à l'ouest. Pour traverser ces forêts, le missionnaire n'a d'autre voie
que les trous pratiqués par les éléphants qui viennent boire dans les fleuves, mais on imagine facilement
quelles fâcheuses rencontres l'homme de Dieu doit y faire
de temps en temps.

Les naturels du pays habitent généralement dans des
endroits plus bas et dépouillés d'arbres où ils peuvent
plus facilement faire la chasse aux oiseaux et se garantir
des bêtes féroces. Celles-ci se tiennent dans les forêts et
sur les hauteurs pendant le jour, mais à l'arrivée du
crépuscule, elles se répandent de tous les côtés et on
ne peut s'en garantir qu'en allumant de grands feux ou

en faisant du bruit avec un tambour. M. Comboni assure n'avoir pas passé une seule nuit dans l'intérieur de l'Afrique sans avoir constamment entendu au loin et quelquefois bien près les rugissements du lion et des autres bêtes sauvages. Les moustiques sont aussi des ennemis insupportables; les naturels s'en défendent en passant leurs nuits sous la cendre ou dans la boue.

Dès qu'on a quitté les bords du Nil, on ne trouve plus, en s'avançant vers le centre, aucune élévation qui mérite le nom de montagne ni de colline. M. Comboni a passé en bâteau sur un lac le pays où les géographes placent les Montagnes de la Lune; il explique leur méprise en faisant observer que les Africains, dans leur langage figuré appellent les nuages montagnes du ciel ou de la lune. Il a donc pu arriver qu'un voyageur ayant demandé à un habitant du centre comment il appelait ce qu'il voyait au loin à l'horizon, en ait reçu pour réponse que c'était là les montagnes de la Lune, et telle serait l'origine de cette appellation erronée.

Nous ne parlerons point ici de quelques autres aventures remarquables de notre pieux et savant missionnaire; de son cuisinier, mangé par un hippopotame, du présent que voulait lui faire un chef de tribu, auquel il avait arraché heureusement une dent, etc. Nous aimons mieux que nos lecteurs aillent puiser la connaissance de ces faits et de beaucoup d'autres dans la relation qu'il ne tardera pas à publier sur son voyage et son séjour dans l'Afrique centrale.

Paris. — Typ. Walder, rue Bonaparte, 44.

DU MÊME AUTEUR :

VIE DE SAINT MICHEL DES SAINTS, Religieux Trinitaire,
Canonisé en 1862.

VIE DE SAINT JEAN DE MATHA, Fondateur de l'Ordre de
la T.-S. Trinité, avec une lettre de Mgr Dupanloup sur la
mission actuelle de l'Ordre.

VIE DE SAINT FÉLIX DE VALOIS, Prince du sang royal de
France, Fondateur, avec saint Jean de Matha, de l'Ordre de
la T.-S. Trinité.

POUR PARAITRE PROCHAINEMENT :

VIE DU BIENHEUREUX SIMON DE ROXAS, Religieux Trinitaire, Confesseur de la Reine Isabelle de France, femme
du roi d'Espagne Philippe IV.

VIE DU BIENHEUREUX JEAN-BAPTISTE DE LA CON-
CEPTION, Réformateur de l'Ordre de la T.-S. Trinité en
1599, béatifié en 1819.

Seconde édition de la VIE DE SAINT MICHEL DES SAINTS,
considérablement augmentée.

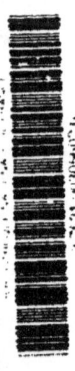

. — Typographie Walder, rue Bonaparte, 44.